Sept.

Con amor y mucho
respeto para mi
amada Hna.
            Sarah Ramos.

De Hna. Irma Ibarra.

Ángeles
EN EL
CAMINO

Memorias

Dora S. González

WESTBOW
PRESS®
A DIVISION OF THOMAS NELSON
& ZONDERVAN

Puede hacer pedidos de libros de WestBow Press en librerías o poniéndose en contacto con:

WestBow Press
A Division of Thomas Nelson & Zondervan
1663 Liberty Drive
Bloomington, IN 47403
www.westbowpress.com
1 (866) 928-1240

ISBN: 978-1-5127-3314-3 (tapa blanda)
ISBN: 978-1-5127-3315-0 (tapa dura)
ISBN: 978-1-5127-3313-6 (libro electrónico)

Numero de la Libreria del Congreso: 2016903296

Información sobre impresión disponible en la última página.

Fecha de revisión de WestBow Press: 3/23/2016

CONTENIDO

DEDICACIÓN

Dedico este libro a mi fiel compañero, mi Señor y Salvador Jesucristo. Él ha hecho que mi vida valiera la pena vivirla. Él nunca me ha desamparado en el peregrinaje de la vida. Las experiencias que comparto en este libro jamás hubieran sido posibles sin Él; pues sin su ayuda, imposible me hubiera sido vivirlas o sufrirlas para ahora contarlas. ¡Oh, cuánto amo a mi Jesús!

También dedico este libro en memoria de mi madre Carmen Caraveo, ese vaso especial a quien Dios usó para traerme a este mundo. Así como Jacob en la Biblia pudo ver el llamado especial en la vida de José, su hijo, mi madre supo que Dios me había escogido para ser el pilar de la familia. Así lo declaró aun en su deseo postrero al señalarme como la albacea en su testamento. Con la dirección divina, sólo ella supo la razón por la que me escogió de entre nueve hijos (tres hombres y seis mujeres) para gestionar sus posesiones. ¿Era porque ella había caminado conmigo a lo largo de mi ministerio? Cualquiera que fuera la razón, ella fue mi mano derecha en todo esfuerzo, mi ayudadora fiel y mi fuerte guerrera de oración. Aprendí que en verdad no hay un nombre más dulce que madre, mamá o «Amá» como todos la llamábamos.

Dedico también esta autobiografía a mi querido esposo, Reynaldo R. González, a mi hija Dina Ann y a mis hijos Reynaldo (Rey Jr.) y Miguel (Mike) González. Es por ellos y el papel especial que cada uno ha tomado en mi vida por lo que he sido inspirada a dejar por escrito las vívidas experiencias con mi Dios. Mi meta es que no sólo mi familia sino también generaciones futuras puedan venir al conocimiento de Jesús y confiar en Él así como yo lo he confiado, creyendo que lo que hizo por mí también lo hará por ellos.

Mi mundo hubiera sido muy pequeño y vacío si hubiera yo sido la única descendiente de la familia Silva. Es pues con gran respeto y cariño que también dedico este libro en memoria de mi papá, Miguel Silva, y de cada uno de mis hermanos y hermanas (por orden de edad): Carmen, Hilda, Ayola, Aureliano, Miguel, Arnulfo, Anita y Melva. Los nueve rodeamos a mis padres en su diario vivir y los nueve esperamos algún día verles de nuevo en nuestro hogar celestial. ¡Qué gran gozo ése será!

Por último, pero no por ello menos importante, dedico esta obra a mis amigos y miembros fieles del Templo Ebenezer de las Asambleas de Dios en San Benito, Texas. Les agradezco por su amor, apoyo y paciencia. Les agradezco por estar ahí junto a nosotros, su familia pastoral, por estos treinta años y por observar sufridamente cómo a un ritmo sumamente lento este libro ha sido finalmente completado y publicado.

Mi madre, Carmen Caraveo Silva. 1915-1995.

Mis hermanos y hermanas por orden de edad y de izquierda a derecha: Carmen, yo, Hilda, Ayola, Aureliano, Miguel, Arnulfo, Anita y Melva; tomada en 2007.

INTRODUCCIÓN

Mi vida ha sido siempre en el ámbito eclesial. Y al haber compartido tantas de mis experiencias con las congregaciones de las dos iglesias que he pastoreado en los últimos treinta y cinco años, decidí escribir *ÁNGELES EN EL CAMINO* para consolidar mis historias, visiones, sueños, revelaciones y visitaciones angelicales en un tomo.

En ocasiones añado al predicar o enseñar semanalmente alguno de esos encuentros que he tenido realmente con ángeles. Cierto que ninguno jamás tuvo alas y que ninguno jamás habló con una voz de trueno rodeado de una luz brillante; más bien esos ángeles siempre tomaron la forma de una persona para luego desaparecerse o esfumarse de manera inexplicable.

Por supuesto que mis hijos (Dina, Rey y Mike) conocen la mayoría de estas historias de memoria, sino todas. Mi esposo no puede retener una historia por más de unos pocos minutos a causa de la esclerosis múltiple que le ha afectado los centros de la memoria en su cerebro. Aunque no podía compartir con él las historias y las bendiciones que he experimentado en el Señor, Dina y los muchachos compensan por la pérdida. Ellos no sólo han oído mis historias, sino que también han sido testigos oculares en diferentes momentos y situaciones donde nadie pudiera haberme ayudado sino el mismo Señor mediante sus agentes celestiales.

Mis experiencias con el mundo angelical fueron tan notorias para mi familia que una vez Dina mirándome como quien mira a un fantasma preguntó: «¿Qué te dijo Dios?». Yo me limité a sonreír y afirmar con la cabeza. Quería que ella viera a Dios en mí de tal modo que deseara lo mismo para su propia vida.

La fe de Rey se fue solidificando mientras él crecía. Su fe en Dios y en su poder sobrenatural vino a ser inquebrantable, y así permanece hasta el día de hoy. Él me ha recordado que los ángeles de Dios bien podrían estar ahí de pie junto a mí dándome aliento y ánimo cuando la carga parecía demasiado pesada o cuando me sentía sola. Él me ha hecho hacer memoria de tal o cual ocasión cuando Dios envió sus huestes angelicales para asistirme. Esto me ha hecho ver que mi labor no ha sido en vano. Rey ha venido a creer en los mensajeros angelicales de Dios y ha dedicado tiempo a leer y aprender acerca de ellos. El tema le ha venido a ser de tal interés que hasta ha compartido citas del libro de Billy Graham, *Ángeles, los agentes secretos de Dios*, con su clase de escuela dominical. Esto me ha hecho sentir orgullosa y me ha animado a continuar con el propósito, establecido hace tiempo ya, de escribir este libro confiando que los jóvenes de su clase leerán de mis propias experiencias y que eventualmente las compartirán con otros.

El hecho de que Mike ha atesorado mis historias se hizo obvio el día que él compartió acerca de uno de mis encuentros con ángeles en su clase de filosofía. Su clase estaba estudiando en ese entonces el tema de la metafísica y esto provocó que sucedieran discusiones sobre seres sobrenaturales. Mike aprovechó la ocasión para compartir no sólo lo que yo creía sino también lo que él mismo había visto, oído y aprendido. Mike ha sido testigo ocular en más de una ocasión de los visitantes celestiales de Dios enviados para abrir puertas o revelar Su plan para conmigo de maneras increíbles.

Es pues para mí un privilegio el compilar mis notas diarias, recortes de papel y extensos borradores en este libro con la esperanza de que mi hija y mis hijos mantendrán la antorcha encendida en sus vidas y que contarán aun las anécdotas que no se han registrado aquí a las generaciones venideras.

Es mi esperanza y oración que *ÁNGELES EN EL CAMINO* dará ánimo a tu fe recordándote de tu valor ante Dios. Él hará manifiesta su presencia aun si esto significa enviar mensajeros desde el cielo. Doy gloria a Dios por las experiencias que Él me ha permitido vivir y por el privilegio de registrarlas en esta obra especial.

CAPÍTULO 1
Ángeles en el Camino Literal

Como en una presentación de diapositivas o en pantalla, cada una de mis experiencias angelicales pasó por mi mente al tomar el álbum de fotos de nuestras vacaciones de dos semanas que, como familia, disfrutamos en 1990.

Las únicas vacaciones que habíamos tomado eran viajes al hospital. Mi esposo, Reynaldo, había sido diagnosticado con esclerosis múltiple. En aquel entonces, los mejores tratamientos a nuestra disposición se hallaban en Houston, Texas. Ya para el año 1990 habíamos estado yendo allí por seis años para recibir tratamiento. Dina, los muchachos y yo aprovechábamos lo mejor que podíamos nuestros viajes a Houston desde el valle del río Grande, en el sur de Texas, admirando todos los edificios cercanos al centro médico, los cuales estaban elegantemente adornados en la época navideña. De veras que nos hacían falta unas auténticas vacaciones.

Había orado constantemente agradeciéndole a Dios de antemano por mandar ángeles que me guiaran y asistieran en este viaje. El plan era volar a Colorado para entonces ir a Disneylandia, en California, y finalmente a Las Vegas con algunos viajes en autobús entremedio. Aun cuando Dios no me habló acerca de enviarme ángeles, confesé repetidas veces y creí que éstos estarían presentes en momentos necesarios. Vendrían ángeles y nos ayudarían con cuidado y amor, pensaba yo, pues ¿qué mujer en sus cinco sentidos se aventuraría a viajar por dos semanas con un esposo en silla de ruedas totalmente deshabilitado y dos niños, Rey y Mike, que tenían sólo diez y ocho años, respectivamente?

Nuestra primera parada fue en Brighton, Colorado, para visitar a la hermana mayor de mi esposo y su familia. Su hospitalidad y generosidad fue legendaria. Toda la familia se encargó de tomar turnos para así poder llevarnos de gira alrededor de la región. Los tíos y tías de mis hijos los mimaron hasta no decir. Rey y Mike disfrutaron tanto de la nieve, las montañas con sus cabras, los alces y todo lo demás en Colorado, que casi olvidaron que íbamos camino a California.

El tiempo pasado con Asilia, la hermana de mi esposo, fue una bendición que todavía atesoramos. Ya que ambos estaban enfermos, Reynaldo y Asilia se abrazaban como si nunca se fueran a volver a ver. Les prometí que regresaríamos y esa esperanza abrió paso a un cambio en la atmósfera en nuestra dolorosa despedida. Bromeamos de cuán fuertes lucían ambos y que no nos sorprendería si acabaran viviendo más que nosotros. Reímos y lloramos juntos. Después de elevar una oración, partimos para Disneylandia.

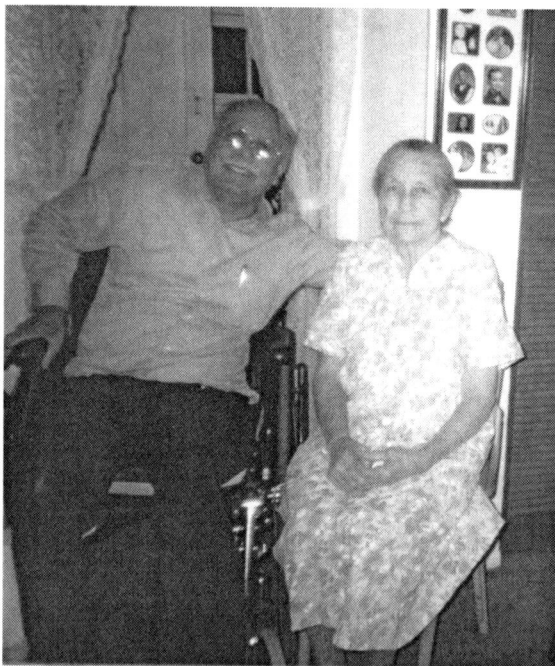

Mi esposo, Reynaldo R. González, con su hermana
Asilia G. Huerta. Marzo de 2001.

Todo iba grandiosamente bien hasta que llegamos a Anaheim, California. Necesitaba la ayuda de Dios y la necesitaba rápido. El agente de viajes en Texas me había asegurado que nuestro hotel estaba justamente al otro lado de la calle de la misma Disneylandia. Esto era importante, puesto que necesitaba dejar que mi esposo descansara en el hotel e ir a verle periódicamente mientras estaba con mis niños al otro lado de la calle. No obstante, el transporte del aeropuerto nos dejó en un hotel como a dos millas de Disneylandia. Ahí quedé parada con mi familia y equipaje enfrente de un oscuro y deteriorado hotel sin habitaciones para inválidos y sin un vehículo para poder transportarnos. El gerente del hotel estaba solo en la oficina y no nos podía ayudar. Peor aún, el transporte del aeropuerto ya se había ido. Parada ahí mismo tratando de decidir qué hacer, con lágrimas en mis ojos esperando que mis hijos no las notaran, oré brevemente una oración en silencio recordándole a Dios que estaba confiando en Él. El Señor me había oído confesar esto una y otra vez, y al ver mis lágrimas y oír mi oración su intervención fue milagrosa e inmediata.

Tan pronto terminé mi breve oración un caballero salió de su habitación saludándonos alegremente y en especial al saber que nosotros también éramos de Texas y particularmente del Valle. Nos preguntó si conocíamos a alguien de su ciudad natal. Le respondí que sólo conocía a una familia pastoral de apellido Vera. Con la mención de ese nombre el caballero literalmente se abalanzó hacia nosotros y nos abrazó a todos. Sucedía que él era uno de los hijos del pastor Vera, un hijo a quien yo jamás había visto ni conocido. Con una gran sonrisa él repetía: «¡Qué mundo más pequeño!». No obstante, en mi corazón yo sabía que él era el «primer ángel» enviado para asistirme. Cuando le expliqué nuestra situación y la razón del estar parados en el estacionamiento nos ofreció llevarnos al área de Disneylandia. Él se encargó personalmente de registrarnos en el Ramada Inn, al otro lado del parque de atracciones. Nos volvimos a encontrar, más tarde esa noche, en un establecimiento de minigolf junto al hotel, donde nos anunció que él y su familia partían en la mañana. No he vuelto a verle y no he oído nada de él hasta este día. Veinticinco años más tarde tengo la firme convicción de que él fue un *ángel en el camino* enviado por Dios en la misma hora de la necesidad para ayudarme en ese lugar y momento particular. Quiera Dios seguir usando a mi amigo enviado del Señor dondequiera que esté.

Un ángel en un carro de carreras

Con cada página que pasaba en mi álbum de fotos, más memorias inundaban mi mente. Unos días después de visitar Disneylandia, Hollywood y otras atracciones en Los Ángeles, cogimos el autobús para Santa María, California. Fue un tremendo esfuerzo el lograr que mi marido se subiera al camión; y esto gracias a unos caballeros, viajeros también, que nos ofrecieron su ayuda. Esta parte de nuestro viaje estaba en nuestro itinerario. Pero más importante era que estaba en el plan de Dios para mostrarme que, conforme a mi declaración, Él estaba preparado para concedernos otra visitación angelical.

Nuestro autobús Greyhound mecánicamente se quebró en medio de la nada y a una milla del pueblo más cercano el cual tenía solamente un McDonald's y otro restaurante. El conductor anunció que el autobús de reemplazo tomaría algunas horas en llegar para llevarnos finalmente a nuestro destino. Entretanto, todos se bajaron y se fueron hacia el pueblo a comer. Yo no podía bajar a mi esposo del autobús y tampoco podía dejarlo solo, así que nos quedamos. No se me ocurrió pedirle a alguien que trajera, al regresar, algo de comer para mis niños. No nos quedaba otra más que esperar. Rey y Mike me rompían el corazón cuando me rogaban ir a McDonald's. Después de explicarles por qué no podíamos ir se conformaron con un «lujo especial» cuando llegáramos a Santa María.

No podía y no debía llorar. Tenía que ser fuerte por mi marido y mis hijos. No podía ni orar por temor a romper en llanto. Mi corazón latía tan fuerte que creía que los muchachos podrían oírlo. Cuando al fin pude orar, ahogándome con mis propias lágrimas, le recordé a Dios de nuestro «trato de viaje». Sacudí mi cabeza, tomé aire y, resuelta, me volví a encargarme de los niños. Momentos después un Corvette convertible de color rojo se paró junto al autobús. Confundida me pregunté: «¿Un ángel en un auto de carreras?».

Uno espera ver a una persona joven en un Corvette convertible, pero quien lo manejaba era una persona canosa en sus setentas. Nos preguntó qué hacíamos solos en el autobús. Le expliqué lo del camión estropeado, cómo el conductor y los demás se habían ido todos a buscar qué comer y por qué nosotros no podíamos ir. Como si se hubiera relacionado con niños toda su vida, se dirigió amorosamente a mis hijos para preguntarles si tenían hambre. Él sabía la respuesta aun antes de éstos responderle e inmediatamente nos ofreció llevarnos al McDonald's del pueblo. Los niños, fascinados con el carro, estaban más que felices de ir, pero yo no estaba tan convencida de montarme en un deportivo con un desconocido. Cuando cortésmente decliné su oferta, se volteó y dijo: «Enseguida vuelvo con algo de comer para todos ustedes». Él rehusó tomar de mí dinero alguno, por lo que yo dudé que en verdad regresara. Sin embargo, para mi sorpresa, el Corvette rojo regresó unos minutos después con almuerzo para cada uno de nosotros. El hombre canoso rehusó de nuevo tomar dinero. Nos deseó el bien y se marchó rápidamente dándoles a mis hijos una demostración final de la potencia de su automóvil. Con gran alegría, nos sentamos con mi esposo dentro del autobús para disfrutar del lujoso almuerzo. ¡Hay que imaginarse el deleite de mis muchachos: primero, un carro completamente «alucinante» y, luego, la cúspide de la pirámide alimenticia de un niño en crecimiento: ¡McDonald's! Nos quedamos hablando sobre nuestro visitante del coche de carreras por largo rato hasta que todos los demás volvieron del pueblo al autobús justo a tiempo para ser transferidos al otro camión.

Por fin llegamos a Santa María, donde unos parientes míos nos habrían de hospedar por algunos días. Ellos se habían preocupado al no haber llegado nosotros a la hora prevista, pero al contarles nuestra historia todos alabamos al Señor por sus misericordias. Cuando llegó la hora de continuar nuestro viaje, de ningún modo nos dejaron irnos en autobús. Mi tía y primos nos llevaron en su automóvil hasta nuestro próximo destino, que estaba a dos horas de camino. Ellos estaban asombrados (así como hicieran nuestros parientes en Colorado) de verme viajando con mi esposo bien enfermo y dos muchachos energéticos que todo querían ver e ir a todo lugar Me dijeron que yo era la mujer más valiente que ellos jamás habían visto.

Después de contarles el testimonio de mi caminar con el Señor y de cómo dependía de su compañía y creía en sus promesas, pienso que acabaron admirando más mi fe que mi valentía. Cité versículos de la Biblia que hablan de sus ángeles yendo delante de nosotros. Al final, creo que mi tía y mis primos sintieron la misma seguridad que yo sentía: que Dios nos guardaría durante el resto del viaje hasta que regresáramos todos a casa sanos y salvos.

¿Ángeles en Las Vegas?

Mi último ángel en este viaje, el hermano Isaías Olvera, no era un desconocido. Más bien, él era un querido amigo de mi esposo y uno de mis estudiantes del seminario bíblico. Mis primos nos habían conducido a su casa en Bakersfield, California. Nuestra visita a él y a su familia fue un refrigerio espiritual. Compartimos experiencias mutuas de la bendición de Dios y nos pusimos al corriente en cuanto a lo sucedido en nuestras vidas desde que nos viéramos por última vez en Texas.

La familia Olvera nos llevó a ver el Parque Nacional Sequoia y otros lugares turísticos. Ellos querían llevarnos a muchos otros sitios, pero el tiempo se nos acababa. Nuestra llegada al Hotel Circus Circus en Las Vegas estaba prevista para el día 3 de julio, ya que nuestra meta era pasar las festividades del 4 de Julio, la celebración de independencia de nuestra nación, a todo color y con miles de luces que prometían iluminar el cielo nocturno.

Como hicieron mis parientes en Santa María, el hermano Olvera y su esposa insistieron en llevarnos hasta Las Vegas, no dejando que tomáramos el autobús como habíamos planeado con anterioridad. Doy gracias a Dios por la insistencia de ellos, pues en verdad no sé qué hubiera hecho. Ellos vinieron a ser, como tales, los ángeles que Dios habría de usar.

Nos llevaron a Las Vegas. Nos ayudaron con la registración en el hotel. ¡Hasta nos dieron una pequeña gira para que nos acostumbrásemos al tranvía que habríamos de utilizar en nuestras entradas y salidas! Después de pasar por los casinos y asegurarse que estábamos bien establecidos, regresaron a su casa. Rey y Mike aprendieron cómo moverse desde el hotel gracias a las instrucciones del hermano Olvera. Yo me hubiera perdido si no hubiera sido por sus excelentes habilidades de orientación. ¡Qué tiempo más inolvidable pasamos! ¡Y cómo le agradezco a Dios por su fidelidad al proporcionarnos asistencia a lo largo del viaje!

Disfrutamos nuestro viaje en autobús de regreso a Anaheim. Después de pasar un día más en Disneylandia, volamos de regreso a casa. Si bien las vacaciones de dos semanas se me hicieron largas, a mis hijos les parecieron cortas. Ellos nunca se quejaron ni pareció importarles la inconveniencia de mover a su padre de un vehículo a otro o de empujar la silla de ruedas bajo 113º Fahrenheit en Las Vegas. Estaban pasándola bien y eso era todo lo que importaba. Dina había estado antes allí y decidió quedarse en casa para ayudar con el abastecimiento de los puestos de venta de fuegos artificiales que sus tías gestionaban cada año durante las fiestas del 4 de Julio. Los niños regresaron a casa ansiosos de contarle a Dina la nueva palabra que había ocupado sus pequeñas mentes: «vacaciones», la más hermosa en el idioma inglés.

Así sentada como estaba, pasando las páginas del álbum de fotos y recordando las experiencias en California y en Las Vegas, empecé a hacer memoria de otras visitaciones angelicales a lo largo de mi vida. La primera de la que tengo memoria sucedió cuando sólo tenía nueve años de edad. Aunque yo recién había rendido mi vida a Cristo, lo que había aprendido en ese entonces sobre ángeles me ayudó a discernir entre cuentos de hadas y genuinas apariciones divinas. Las apariciones especiales de Dios en sueños, visiones o revelaciones desataron una cadena de eventos que resultaron en experiencias extraordinarias durante mi andar por el camino de esta vida.

CAPÍTULO 2
Cuentos De Hadas y Ángeles

Parecía una broma cuando una prima nos advertía sobre los ángeles guardianes velando por nosotros y de su disgusto si nos oían hablando mientras comíamos a la mesa. El tema de los ángeles se oía ocasionalmente durante las reuniones familiares, cuando los mayores narraban historias sobrenaturales para entretener al grupo. Yo superé a una edad muy temprana todo tipo de cuentos que la gente compartía: de hadas, tradicionales, de terror y magia o sobrenaturales, usualmente maléficos. Este cambio se produjo cuando tuve un encuentro personal con el Señor a los nueve años. Vine a amar a Dios de tal manera que supe, aun siendo niña, que Él cuidaba de sus hijos y que se comunicaría con su pueblo a través de seres celestiales personificados llamados ángeles.

En la escuela dominical había aprendido sobre ángeles que, tomando forma humana, caminaron y hablaron con Abraham acerca del plan de Dios de destruir las ciudades de Sodoma y Gomorra. Cuando la Biblia decía que «el ángel del Señor» se aparecía a tal o a cual persona no me importaba tanto si ello sucedía en el Antiguo o en el Nuevo Testamento como aceptar el simple hecho de que fue así. Lo que aprendía de las historias sobre ángeles era que Dios es tan bueno, grande y poderoso que en su deseo de hablarle personalmente a uno de sus fieles, Él enviaba a sus ángeles para llevarle el mensaje, defenderle, guiarle, proveerle o simplemente pararse a su lado hasta que la persona recuperara la confianza y la paz.

Mi fe en la existencia de los ángeles estaba arraigada en mi vida de tal modo que me sirvió de ayuda en mis años de desarrollo mientras continuaba sirviendo y confiando en Dios. A los nueve años yo sabía lo que estaba haciendo y, sin duda alguna, esa mañana, cuando el ministro preguntó si alguno de los presentes quería dar su vida a Jesús y nacer de nuevo, yo me levanté y fui al altar. Allí repetí la oración que hizo el pastor por mi compromiso y regresé de aquella pequeña iglesia bautista comunitaria, en Los Fresnos, Texas, a mi casa como una nueva persona con una experiencia que duraría toda una vida.

Mis padres no iban a la iglesia entonces, pero nos enviaban a todos (los nueve) con nuestros vecinos los Macombe (se pronuncia «Meicam» en español). Poco sabían los Macombe que Dios honraría su fe y que continuaría trabajando en cada uno de nosotros hasta que toda la familia Silva, incluyendo a mis padres, vendría eventualmente a rendir sus vidas a Jesucristo. El señor y la señora Macombe quizá nunca se imaginaron que su sacrificio sería recompensado con el llamado al ministerio de uno de nosotros, los niños Silva, a quienes llevaban a la iglesia cada domingo en la mañana.

A menudo me pregunto qué hubiera sido de mi vida y la de mi familia si aquella pareja anciana no hubiera laborado como lo hizo por el reino de Dios. Si no hubiera sido por los Macombe, no estaría escribiendo de las hermosas experiencias con el Señor que he tenido desde mi niñez, tampoco estaría compartiendo las gloriosas revelaciones, visiones y encuentros personales con Dios y con sus ángeles. El ministerio de los Macombe por alcanzar a los perdidos continuaría a través de mí y de mi propio ministerio.

Los niños también experimentan a Dios

Habiendo acabado de tener la experiencia de la salvación tuve un gran deseo por aprender más sobre Dios y su maravilloso poder. Me enfermé de apendicitis en el verano de 1953 y entonces comenzó una serie de encuentros con el Todopoderoso. Verdaderamente el Señor se reveló a mí y me selló para una vida dedicada a Él y para su Reino..

Después de mi diagnosis, mis padres decidieron llevarme a México para la cirugía programada unas pocas semanas después. Una semana antes de la intervención, mi mamá fue a la ciudad y al estar allí compró cuatro pares de ropa interior para mi hermana menor y para mí. Fue un gran lujo, ya que en aquel entonces nuestras ropas estaban hechas de tela de sacos de harina o de pedazos de tela. (La harina se compraba por libra en sacos o bolsas hechas de un material parecido a la tela, y en vez de tirarse a la basura después de usarse la harina, se medía y cortaba para hacer ropa interior). La nueva ropa interior se dividió pues entre Hilda y yo. Estaba yo tan preocupada de ir al hospital con unos calzones hechos en casa de saco de harina que cuando me dieron los nuevos los metí en su envoltorio y los escondí para el día de la cirugía.

Siempre he tenido eso de guardar cosas, para un subsiguiente uso, en los lugares más escondidos y después se me olvida. Dos días antes de la cirugía busqué por todas partes por el pequeño envoltorio y su contenido. ¡No apareció por ningún lado! La bolsa con mis artículos de necesidad había desaparecido. Busqué con desespero. Lloré desconsoladamente y hasta le rogué a Hilda que me prestara los suyos pero no quiso y por alguna razón Amá no la obligó a hacerlo. Carmen, la mayor de nosotras tres, vino a ayudarme a buscar la bolsa perdida. Y Ayola, que era un año menor que Hilda, me ofreció los suyos, pero no eran nuevos. Me sentía perdida.

Recuerdo arrodillarme junto a mi cama esa caliente noche de verano y orar a Dios que me mostrara dónde había escondido mi bolsita. Recuerdo con claridad decirle: «No sé dónde puse mi bolsa, pero sé que tú sí lo sabes porque tú sabes todas las cosas». Después de eso lloré tanto que me quedé dormida. Fue entonces cuando Dios a través de un sueño me mostró exactamente dónde estaba mi pequeña bolsa con su contenido. Al despertar me subí gritando de pura alegría a la viga del techo, la cual había aparecido en mi sueño. Mi familia debió de haber pensado que estaba loca pues gritaba sin cesar: «¡Yo lo sabía, yo lo sabía!». Confié en que Dios sabía exactamente dónde había escondido la bolsa y cuánto significaba eso para mí. ¡Qué tremendo impacto causó Dios en mi vida al revelármelo! Al día siguiente, cruzando el río Grande hacia México, yo iba preparada para la cirugía. Todo salió bien, con tan sólo una pequeña cicatriz y dos días de estancia en el hospital. Hoy en día, todavía tengo la cicatriz, pero más importante es la memoria indeleble en mi corazón de la maravillosa experiencia que tuve con el Dios Todopoderoso siendo aún una niña de nueve años.

Debo reconocer que algo diferente, especial, me sucedió mientras crecía. Mi hermana Carmen, de once años, no tuvo tiempo para notar lo que yo estaba experimentando. Siendo la mayor, ella ayudaba a mi madre con los otros ocho hijos, cuyas edades oscilaban entre nueve y dos. Después de mí, todos nacieron con tan sólo un año de diferencia. Hilda se pasaba el tiempo con Ayola y ambas estaban muy ocupadas jugando y fastidiando a mis tres hermanos (AC, Mike y Fito), que eran más jóvenes y preferían quedarse tranquilos en sus propios asuntos. También estaban Anita y Melva, quienes siendo aún bebés no sabían lo que pasaba con el resto de la familia.

Amá y Apá vieron la gracia de Dios en mi vida, pero no sabían lo suficiente para identificarlo como tal, por lo que simplemente decían que yo era la más inteligente y más vocal de sus cuatro hijas mayores. Carmen era muy tímida y las otras dos eran menores que yo. Por ello y de forma natural vine a ser la portavoz y la encargada de los recados en la familia. Quizás esto se debió a mi espíritu aventurero y carácter extrovertido, lo cual, a su vez, me llevó a muchas experiencias especiales. Lo que sí está fuera de dudas es que la gracia de Dios en mi vida abrió paso a muchas manifestaciones inolvidables.

Cuando cumplí diez años, el doctor de la familia y su esposa vinieron a nuestra casa en el rancho para traerme un pastel de cumpleaños. Yo debí de ser la que más iba a su clínica porque, de algún modo, sabían que era mi cumpleaños y nos sorprendieron con semejante regalo especial. Ninguno de nosotros jamás había tenido un pastel de cumpleaños. De hecho, los cumpleaños no se celebraban en mi casa. Mi papá, un granjero trabajador analfabeto que apenas podía escribir su nombre, estaba demasiado ocupado trabajando como para preocuparse con los cumpleaños. Amá podía leer y escribir bien en inglés y español, pero estaba tan ocupada criando nueve hijos que los cumpleaños era lo último en su mente. Además, no podíamos tomarnos el lujo de comprar *cakes* o pasteles, ni mucho menos el hacer fiestas, y a nadie le importaba tal cosa hasta ese día 26 de abril de 1954.

Carmen empezó a hornear repostería para nosotros desde ese día y Amá comenzó a coser vestidos nuevos para las niñas y camisas nuevas para los niños en sus cumpleaños. Los cumpleaños de mis padres, sin embargo, nunca se mencionaron. Ese gentil gesto de nuestro médico familiar marcó la diferencia en mi familia. Todavía me pregunto por qué fue en mi cumpleaños y no en el de Carmen, en el de Hilda o en cualquier otro. ¿Por qué yo? Cualquiera que fuera la respuesta, prefiero creer que fue la manera especial de Dios de tratar con una niña a la cual estaba preparando para otros grandes retos más adelante.

Creciendo para mayores experiencias

La Navidad de 1956 fue excepcionalmente buena para mí. Ya tenía doce años. Regresé de mi clase de sexto grado a casa con tres regalos en vez de uno como fue el caso de los demás. No presté mucha atención a los regalos que recibí en el aula. Estaba más interesada en enseñar a todo el mundo el juego de porcelana en miniatura y una muñeca que dos amigas, que eran mayores que yo y del último año de secundaria, me habían dado. Para mi sorpresa, mi papá me ordenó que guardara todo y que no jugara con nada de eso hasta después de las fiestas, cuando de regreso a la escuela Carmen pudiera verificar que era verdad que me los habían regalado. Mis padres no creían en eso de la «suerte». Yo lloré a causa de la desconfianza de mis padres hacia mí. No lo podía creer. ¿Acaso no veían a Cristo en mi vida? ¡Yo era una cristiana y los cristianos no mentían ni robaban!

Como si los tres regalos que recibí en la escuela no hubieran sido suficiente problema para mí, todos nosotros también recibimos regalos de Navidad el domingo en la iglesia. De nuevo, todos recibieron un regalo. Y por alguna razón que nunca conoceré, a mí me dieron dos regalos especiales. Todavía me acuerdo del par de guantes blancos y de una pequeña bolsa azul en forma de cajita con un arreglo frutal que adornaba la tapa. Claro está, esta vez mis padres no dijeron nada, ya que los nueve habíamos ido a la escuela dominical juntos y ésos eran mis regalos.

Al bajarnos del autobús, el primer día de escuela después de las vacaciones navideñas, mis dos amigas me estaban esperando y me preguntaron delante de Carmen si me habían gustado el juego de porcelana y la muñeca. Al escucharlo, Carmen dio un suspiro de alivio, ya que así se ahorraba de tener que realizar su investigación. Cuando regresamos a casa esa tarde, ella desconcertada a causa de la misión pero feliz de reportar la verdad, le clarificó a mis padres que los regalos eran legítimos. Ahora podía jugar con ellos. Recuerdo estar tan enojada con mis padres por haber dudado de mí, que salí a la letrina o baño de patio y me deshice de la muñeca. No jugué con ella ni una vez. ¡Qué pena! En cuanto a mi pequeño juego de porcelana, lo tengo guardado en mi vitrina como uno de mis preciados tesoros por casi sesenta años.

Los Fresnos School
1957 - 58

Yo a los doce años.

Uno de mis tesoros terrenales más preciados: este juego de
porcelana en miniatura fue un regalo de Navidad especial
cuando tenía solamente doce años de edad. Casi sesenta años
después, el juego permanece en perfectas condiciones.

¿Qué tiene que ver un pastel de cumpleaños o unos regalos navideños
con los ángeles? Primero, creo que Dios a veces usa personas normales
del diario vivir para hacernos saber que somos especiales. Prefiero llamar
a este tipo de mensajero un ángel, sea que tal persona se dé cuenta de ello
o no. Segundo, ¿pudieran haber sido esas dos chicas ángeles de verdad?

¿Por qué dos jovencitas del último año de secundaria hubieran querido socializar y pasar el rato con alguien de sexto grado? ¿Y dónde estaban ellas el resto del año? ¿Por qué no puedo reconocerlas en el libro anual de fotos de la escuela? No lo entiendo, pero le doy gracias a Dios por esos regalos de Navidad tan especiales, porque serían los primeros entre muchos otros a recordar.

Una joven enamorada

A los dieciséis años yo era una estudiante enamorada. Estaba en el segundo año de secundaria, o sea, en grado diez. Si bien mis planes eran de fugarme y huir con mi novio en mi siguiente cumpleaños, todo se detuvo cuando mi mamá me sacó de la escuela a causa de severos problemas con mi vista. Se me dio una baja médica para el mes de diciembre solamente, por lo que tendría que regresar a la escuela después de la Navidad. Mientras tanto, nuestros amigos cristianos pentecostales (la familia Gracia) de Brownsville, Texas, me ofrecieron empleo en el hospital justo enfrente de su casa, donde dos de ellas, Angélica y Gloria, trabajaban. Hasta me ofrecieron que me quedara a vivir con ellos mientras trabajaba. Mis padres me dieron permiso y así disfruté mi empleo en el departamento de pediatría.

Mi novio me sorprendió con un regalo muy especial en Navidad: un juego de anillos y un reloj Baylor. «¡Está loco!», pensé. ¿Creía él de veras que yo iba a regresar a casa mostrando el anillo de compromiso y el de bodas? Expuse mi problema a Angélica, a Gloria y a Elizabeth (la más joven de las tres hermanas Gracia). Seguramente tendrían una solución a mi dilema. Al principio sentían el cosquilleo, pues conocían a mi novio, pero luego se preocuparon conociendo cuán estrictos eran mis padres. Después de sopesar todas las opciones, la única solución viable era que mintiera a mis padres en cuanto al regalo de Navidad.

Mis amigas insistieron en que no había nada de malo en mentir por una razón justificable. No teniendo yo otra alternativa, decidí mentirle a mi mamá y a mi familia. Honestamente, no me preocupaba el mentirle a mi papá, pues para ese entonces yo le tenía rencor a causa de los problemas familiares que estábamos enfrentando. El plan que diseñamos las hermanas Gracia y yo por seguro que iba a funcionar. Le regresé los anillos a mi novio hasta que nos fugáramos en unos pocos meses. En cuanto al reloj Baylor, me inventé un cuento diciendo que lo había ganado en una rifa en el hospital donde estaba trabajando. Mi mamá y mi familia se creyeron mi historia. Pensaron que lo mío fue un toque de espíritu navideño. Pero como sucede con todos los cuentos de hadas, la trama se va haciendo más y más espesa. La joven suertuda se transformó en una chica miserable al poco tiempo.

Tres meses después rompí con mi primer amor y, enojada, le devolví el reloj. Le dije que mi decisión era definitiva. Ahora, el romper con él no fue tan malo como el tener que mentir otra vez. ¿Cómo iba a explicar lo de mi reloj? Iba tener que decir que lo había perdido en la escuela. Regresé a casa llorando debido a la ruptura, pero todos pensaron que era a causa de haber perdido mi reloj. Mi mamá se sintió tan triste con mi infortunio que estuvo dispuesta a notificárselo al director de la escuela y ofrecer, si alguien encontraba el reloj, de cinco a diez dólares de recompensa. Eso era mucho dinero para una familia de pocos ingresos en 1961. Mentirle a ella me dolió de veras. ¿Cuántas más veces tendría que mentir y por cuánto tiempo iba a continuar eso? ¡Yo debía ser una cristiana y no mentir, punto y final!

Esa noche, todo lo que yo podía pensar era en suicidarme. Eso, creía yo, pondría fin a mi miseria. Llegó un día en que literalmente tomé el rifle de mi papá pensando en que ahí iba a acabar todo. Con rifle ya en mano, al final no pude hacerlo. No porque fuera incapaz de apretar el gatillo, sino porque no podía dejar a mi mamá sufriendo la pérdida de una hija además de tener que hacer frente a todos sus problemas personales con mi padre. ¿Quién iba a estar a su lado y defenderla si las cosas entre ellos empeoraban? Carmen, a pesar de ser la mayor, estaba aterrada al oírles pelear y pretendía estar dormida para evitar ser parte de sus acaloradas discusiones. Todos los demás en casa eran menores y más jóvenes y no podían interponerse aun si hubieran querido. Mi vida cambió en ese instante. Puse el rifle en el piso y caí de rodillas. En vez de suicidarme entregué de nuevo mi vida a Jesús, mi Señor y Salvador.

Doy gracias a Dios por las oraciones de mi madre. Ella había pedido oración de mi pastor y de otros amigos cercanos. Bien sabía que algo estaba pasando en mi vida, pero no podía sospechar que tenía pensamientos suicidas. La oración libró mi vida y hoy puedo decir con franqueza que si el Ángel del Señor no se hubiera interpuesto para detenerme y no hacerme daño a mí misma, no habría ninguna historia que contar.

Las malas experiencias que tuve pronto fueran eclipsadas por los eventos de la Pascua de 1961 y mi decimoséptimo cumpleaños. ¡Qué inolvidable Pascua! No se me permitió bautizarme a los nueve años, pero ahora, a los diecisiete años, yo sabía exactamente lo que quería con mi vida. Yo quería ser una cristiana de verdad y vivir para Dios, quien había perdonado mis mentiras y me había limpiado de todos mis pecados. Le pedí perdón a mi madre y durante un servicio en la iglesia hice confesión pública de cómo el diablo había puesto lazo con el propósito de destruirme y de cómo Dios había librado mi vida.

Esa Pascua fue una verdadera celebración familiar, pues todas, las cuatro hermanas mayores, nos bautizamos en el mismo día. (Habíamos sido bautizadas en la Iglesia católica como bebés, pero ahora nos bautizábamos como adultas confesando públicamente nuestra decisión personal de recibir a Jesucristo como nuestro Señor y Salvador y de vivir para Él de ahí en adelante por el resto de nuestras vidas.)

Años después, mi madre y mis tres hermanos también se bautizaron, seguidos por Anita y Melva. Apá nunca se bautizó, si bien tuvo la bendita oportunidad de aceptar a Cristo en su corazón siete años después, una semana antes de fallecer. Tengo paz y certeza de su recibimiento en su hogar celestial y espero el momento en que le veré de nuevo cuando nos reunamos todos algún día. En cuanto a mi decimoséptimo cumpleaños, no tuve el más mínimo remordimiento en haber roto con mi novio un mes y veintiún días antes de la fecha prevista para nuestra fuga… el 26 de abril. Dios había restaurado mi vida ayudándome a derrotar al enemigo. Ahora que tenía la victoria, mi única meta era terminar la escuela, graduarme e ir a la universidad.

Después de la graduación en mayo de 1963, tuve un empleo temporal en una compañía empaquetadora de mariscos en Port Isabel, Texas, una pequeña ciudad adyacente a la famosa y única atracción del Valle del Río Grande: la playa de South Padre Island. Sus playas son realmente una atracción turística. Atracción o no atracción, yo odiaba mi trabajo en la fábrica empaquetadora donde mis hermanas Carmen e Hilda trabajaban. No ayudó para nada el decirme a mí misma que no me había graduado de la secundaria para trabajar con mariscos. Carmen también tenía un diploma de graduación pero prometió que nunca volvería a tocar un libro y mucho menos ir a la universidad. Hilda había abandonado la escuela y estaba contenta de tener un trabajo con tal de no quedarse en casa. Las dos parecían disfrutar su trabajo y tenían amigas allí. Pero yo lo odiaba tanto que, honestamente, no trabajaba bien y no producía lo mínimo requerido a propósito. Después de aguantarme por dos semanas, moviéndome de línea en línea de producción para ver dónde podía encajar, la supervisora me tuvo que dejar ir. Me alegré mucho de que así hiciera. El despedirme fue una oración contestada y una gran bendición. La supervisora que me despidió fue un ángel para mí ese día.

CAPÍTULO 3

Sin Universidad en el Horizonte

Después de graduarse de la secundaria, se espera que uno trabaje o ingrese en la universidad. Sin embargo, mi perspectiva de ir a Baylor University en Waco, Texas, se hacía cada día más remota. Mi vista había empeorado tanto que llegué a estar clínicamente ciega. Mis padres no me dejaron ir a estudiar. En parte yo pensaba que quedarme era lo mejor, ya que los problemas entre ellos se habían incrementado y me veía en necesidad de estar ahí para ayudar a mi madre. Mi sueño de ir a la universidad quedó en suspenso. ¡Oh, cómo yo oraba!

El reloj Baylor que mi novio me había dado me inspiró en mi selección de una universidad: Baylor University. No que estuviera muy informada sobre la institución en sí misma, más bien la relacionaba con aquel regalo que había recibido dos años antes. Nunca consideré solicitar el ingreso en alguna otra universidad. Fui admitida en Baylor y aun envié mi depósito para asegurar mi lugar, pero pronto se hizo obvio que no estaba dentro de mi futuro inmediato el ir a la universidad.

¿Vendría a ser una taquígrafa como yo quería? No, si no iba a la universidad. Y no, hasta que mi familia dejara de sentir compasión por mí. Me estaba convirtiendo en una irritable inútil con todo el mundo sintiendo lástima por mí. Mi vista estaba tan mala que no podía ya ni hacer labores hogareñas o leer... ¡y cómo me encantaba leer! Hasta me escondía de mis padres para hacerlo, pero el dolor en mis ojos del esfuerzo para ver las letras pequeñas me lo ponía bien difícil. A veces, sólo podía leer unos pocos minutos. Otras veces, podía seguir por horas sabiendo que luego tendría que pagar las consecuencias con el dolor punzante. Gracias a Dios que el día vino cuando oraron por mí en la iglesia y Dios me sanó. No le pedí a Dios por una visión perfecta, solamente quería ver mejor y poder leer por horas sin dolor. Él me sanó y fui al final libre del dolor que afligía mis ojos.

Por fin rayos de sol

El verano de 1964 fue un tiempo de cambio para mí. Dios empezó a derramar bendiciones y milagros ayudando a mi madre con oportunidades de trabajo y demostraciones de Su cuidado bendito sobre ella. Todos en casa, incluyendo Amá, habíamos perdonado a mi padre sus errores, los cuales causaron que el matrimonio acabara en divorcio. Ahora él vivía su vida solo. Nosotros sentíamos paz para con él, pero Amá tenía decisiones mayores que tomar. El Señor tomó control de nuestra casa haciendo que todo cayera en su lugar. Estoy convencida de que Él envió *ángeles* para guiarnos de un tiempo de oscuridad a uno brillante.

Una persona de la iglesia convenció a mi madre de hacer un viaje al norte como trabajadores migratorios junto con su familia. Estoy segura de que lo hizo por lástima al ver a una mujer sola en sus cuarentas y con nueve hijos (la mayoría adolescentes). El hermano Hernández contrataba y llevaba familias a Michigan para trabajar en los campos. Claro que nosotros estábamos acostumbrados a trabajar en la labor con el azadón o recogiendo algodón, pero no sabíamos del trabajo con el betabel, ni recoger o piscar cerezas o de cosechar tomates. La idea nos parecía divertida e interesante. El trabajo de la familia migratoria típica solía durar todo el verano, moviéndose de campo a campo de trabajo desde Michigan hasta Ohio laborando cada semana con una fruta o vegetal diferente. Después de animarnos con la promesa de ganar mucho dinero y con un automóvil que el mismo hermano Hernández nos prestaría, mi mamá accedió solamente a la primera parte del viaje sin obligación alguna de seguir con todo el grupo a todos los lugares durante el verano. Mis hermanos menores tenían que regresar a tiempo para la escuela, y su educación era algo que mi mamá no iba a comprometer. Así que, después de firmar un contrato, Amá y los nueve salimos con rumbo a Michigan.

El hermano Hernández era el mayordomo y contratista de una de las compañías de betabel en Sebewaing, Michigan. Él se portó muy bien al ofrecernos su automóvil para conducirlo mientras él manejaba su gran camión llevando a otras familias. Mis hermanos tomaban turnos para ir en el camión, ya que no había espacio para una familia de diez en el vehículo. Salíamos así para una nueva aventura. El dejar a Apá atrás no fue fácil. Ello fue especialmente duro para mi mamá, quien en sí batallaba con sus propias emociones viendo a mis hermanos y dos hermanas menores llorar y preocuparse por Apá, que se quedaba solo. Las cuatro hermanas mayores nos mantuvimos fuertes por Amá. La hermana María, la esposa del hermano Hernández, junto con toda la compañía de obreros oraban por nosotros y nos ofrecían palabras de aliento mientras nos desplazábamos a nuestro primer destino. El viaje desde el Valle duró dos días y medio.

Al llegar a Michigan empezamos a trabajar y todo mejoró. Los muchachos, en ocasiones, mencionaban a Apá y lloraban, pero todos nos ayudábamos en oración en esos momentos difíciles. El Señor fue muy bueno. De hecho, parecía que Dios enviaba a gente muy especial para ayudar a mi mamá en todo lo que teníamos que hacer. Nos dio gracia con los contratistas de la Compañía de Betabel, quienes, en vez de ponernos en el campamento donde las demás familias vivían, nos dieron una casa propia, y, aun en lugar de laborar en sembrados junto con las demás familias migratorias, nos dieron nuestros propios campos de trabajo. El hermano Hernández hasta le dio a mi mamá y a Carmen la tarea de identificar las parcelas o los campos donde habríamos de trabajar y de tratar los asuntos directamente con los dueños. Amá era nuestra capataz y nuestra mayordoma. Dios sabía ciertamente lo que hacía, ya que Él estaba preparando el camino para los días y años que vendrían.

Entresacar plantas de betabel y eliminar la hierba con el azadón a su vez era una labor a la cual no estábamos acostumbrados ni hacíamos en casa. Aquí teníamos un contrato y se nos pagaba por acre, no por hora o por día. Solamente Amá y Carmen conocían los términos del contrato que firmaron antes de salir de Texas. Todo lo que yo sabía era que al final del tiempo estipulado estábamos supuestos a recibir un bono de algún tipo. La realidad fue otra. No nos fue tan bien como esperábamos y no ganamos el dinero que anticipábamos. Y porque no llegamos a alcanzar la cuota en cuanto a los acres a trabajar, tampoco recibimos el bono (una recompensa monetaria).

Amá se sintió decepcionada, pero tuvo que hacer de tripas corazones, o sea, que tuvo que ser fuerte y valiente por nosotros. No ganamos suficiente dinero para cubrir lo que la Compañía de Betabel nos había adelantado para el viaje. Y, para colmo, todo lo que Amá tenía en el banco eran cincuenta dólares. Nuestra única alternativa era continuar con la compañía de obreros hacia su siguiente parada migratoria: recogida de cerezas en Ludington, Michigan. Habiendo aprendido a depender de Dios, orábamos y llorábamos con gran esperanza. Quizá todo saldría mejor en Ludington. Aguantando las lágrimas, viajamos con el grupo y vivimos de primera mano el viaje anual de la típica familia migratoria. La mayoría de las familias del grupo lo había hecho ya por años. Ellos iban de campo en campo y de estado a estado realizando esta clase de labor. Nosotros, sin embargo, no sabíamos si nos iba a gustar el recoger cerezas o el cosechar tomates.

Una vez en Ludington la relación con la familia Hernández empezó a deteriorarse. De repente, su actitud hacia Amá cambió. ¿Fue quizá porque nos iba mejor en lo que a recoger cerezas respecta en comparación a todos los demás en la compañía migratoria? Resultó que disfrutábamos el trabajo y lo encontrábamos divertido. En todo caso, un espíritu de celos separó a los Hernández de mi madre. Es más, un pariente de éstos alertó a mi mamá de la intención del hermano Hernández de recuperar su vehículo, el que nos había prestado, dejándonos así varados cuando llegara el momento de ir a Ohio para la cosecha de tomates. Otra familia le aconsejó de comprarse un automóvil. El hermano Ayala acababa de comprar una camioneta en un concesionario en el centro de Ludington, donde había entregado su vehículo viejo en el proceso. Quizá podríamos comprar la camioneta vieja por lo mismo que le habían dado a él en la compra. Todos oramos y nos humillamos ante el Señor rogando por su intervención. Seguro que para la mañana siguiente Él tendría la respuesta a nuestro problema.

Valiente y determinada como una mujer enfrentando tiempos de crisis, Amá se levantó la mañana siguiente para hacer frente a los retos del día. Ella estaba resuelta a "tomar el toro por los cuernos" y seguir la dirección del Espíritu Santo. Con firmeza y decisión nos pidió a Carmen y a mí que la acompañásemos al distrito comercial de Ludington. A los demás miembros de la familia los mandó a trabajar, a recoger cerezas de los árboles que teníamos asignados para ese día. Los hermanos Ayala supervisarían a la familia en nuestra ausencia.

El hermano Ayala nos había dado las direcciones para llegar al concesionario donde había entregado su camioneta vieja. No tuvimos problema alguno en llegar allá, aunque era la primera vez que conducíamos por el centro de esa bella ciudad. Tan pronto llegamos al concesionario, Carmen y yo, en vez de ir al departamento de autos de segunda mano, insistimos en ir a ver una preciosa camioneta azul turquesa en la sala de muestras. Amá intentó pararnos diciendo que estábamos locas y que sólo habíamos llegado allí para preguntar sobre la camioneta vieja de Ayala. Nosotras estábamos tan impresionadas al ver la nueva camioneta que no la oíamos. Seguimos caminando hacia la vitrina donde nos recibió un caballero muy amable.

Mi madre le explicó que solamente habíamos ido a preguntar por una camioneta usada que el concesionario había adquirido días atrás. Carmen y yo debimos de distraer al vendedor con nuestra insistencia de que Amá, al menos, mirara la posibilidad de comprar la camioneta nueva. El vendedor, con amabilidad, no hizo caso a la petición de mi mamá de que nos ignorara; al contrario, nos llevó a su oficina y tomó su teléfono. Antes de que pudiéramos susurrar una oración o decir «amén», él ya estaba hablando con alguien en la oficina central de Muskegon, Michigan. Todo lo que recuerdo que dijo hablando por teléfono fue: «Aquí tengo a una joven señora con dos hermosas hijas sentadas en mi oficina interesadas en la camioneta de la sala de muestras». No sé qué más trataron entre sí. Todo lo que sé es que empezó a sacar papeles y a pedirle a mi mamá que los firmara. Amá se quedó sin habla. Ella le dijo que no tenía sino cincuenta dólares en el banco en Texas y que no había ganado mucho en Sebewaing. El vendedor no prestó atención a todo lo que ella le dijo y continúo con el papeleo. «Sólo firme aquí, señora», le indicó.

Nunca sabré la razón por la que Amá firmó esos papeles. Creo que ni ella sabía cómo protestar a semejante transacción inconcebible. Recuerdo las emociones reflejadas en su rostro cuando el vendedor, con una gran sonrisa, le dio las llaves de la misma camioneta de la sala de muestras: en la que Carmen y yo insistíamos. De la vidriera salía una nueva Chevrolet C-10 del año de 1964. El amable vendedor, *nuestro ángel*, nos despidió y nosotros nos volvimos al campamento con un automóvil nuevo sin depósito o pago inicial. ¿Estábamos asombradas? Claro que sí, pero nuestros corazones se regocijaban alabando a Dios por semejante milagro. Cualquier arreglo de pago a plazos que se hubiera realizado sólo Dios y mi mamá lo sabían. Ya Amá se ocuparía de ello más tarde.

Al llegar al campamento, todo el mundo, o así parecía, salió a recibirnos. Amá pidió que todos se tomasen de la mano rodeando la camioneta mientras ella elevaba una hermosa oración a Dios dándole las gracias por el milagro realizado ante nuestros mismos ojos. En cuanto al carro prestado, lo devolvimos al hermano Hernández antes de que tuviera la oportunidad de pedírnoslo.

Así llegó la hora de volver al trabajo. Me atrevo a decir que al día siguiente recogimos más cerezas que nunca. Con mucha razón, pues habíamos recuperado el gozo y la felicidad. Parecía que la negra nube de decepción, angustia y humillación nos había por fin dejado y que los rayos de esperanza de Dios brillaban sobre nosotros con una intensidad nueva.

La primera noche alguien con mala intención nos arañó la camioneta. El dueño del huerto de cerezas, sabiendo de nuestro milagro, insistió en llevarla y estacionarla en su garaje para evitar que algo así pasara de nuevo. Tanto él como su esposa cuidaron de nuestra camioneta. Nosotros seguimos muy ocupados en la labor como para prestarle atención al vehículo, de modo que ellos fueron capaces de darnos una gran sorpresa el día que nos marchábamos. ¡Habían comprado una camper! (o sea un cajón para la parte de atrás de la camioneta). ¿Les había dicho Dios que hicieran eso? ¿O se preocuparon de que al día siguiente salíamos y que la mayoría de nosotros montaríamos atrás a la intemperie? La razón de su generoso gesto fue un misterio para mi mamá, para nosotros nueve y para las demás familias en el campo. Los Hernández volvían a hablar con Amá habiéndose reconciliado con ella y nosotros. Ellos también confesaron que nunca en sus vidas habían visto semejante generosidad expresada de parte de un propietario a un obrero. ¡Qué milagro!

A pesar de estos maravillosos recuerdos nunca regresamos a piscar cerezas. Tampoco nos gustó el cosechar tomates en Ohio. Conseguimos salir del campo de tomates antes de que el hermano Hernández y su compañía lo hicieran. Nos quedamos en Ohio por espacio de una semana o dos y luego nos volvimos a casa en Texas. Carmen era una conductora excepcional. Y en la nueva camioneta C-10, ella de veras que conducía mucho más alegre y agradecida.

Los planes nuevos de Dios revelados

A pesar de los malos ratos que pasamos, disfrutamos mucho el verano de 1964. Regresamos a casa a tiempo para que mis hermanos y hermanas menores volvieran a la escuela. Apá estaba muy contento de que hubiéramos vuelto y nosotros de verle. El viaje al norte nos sirvió de inspiración para finalmente cambiar nuestra vida rural y buscar oportunidades de trabajo en la ciudad. Y porque «la ciudad» para nosotros era en Brownsville, a sólo veinte millas de Los Fresnos, todavía podríamos visitar a mi padre. Otro beneficio de semejante cambio era el estar mucho más cerca de las familias y amigos de la iglesia.

Al poco tiempo mi madre oyó de una casa en venta en la calle Avalon en Brownsville. A mi parecer, el señor Hermosa, el vendedor, era *otro ángel* esperando llevar a cabo las órdenes de nuestro Padre Celestial porque la venta se hizo fácil y rápido. Amá tenía el dinero para el pago inicial y teníamos la confianza que podíamos liquidar el balance al regresar del norte el siguiente año. Al considerar las bendiciones recibidas en ese año, no tengo menos que alabar a Dios que en doce meses el Señor nos dio una camioneta nueva y una casa nueva. ¡Cuán grande es el Dios a quien servimos!

Nuestra casa en Brownsville, Texas, donde Amá
vivió hasta que partió para estar con Cristo.

Al verano siguiente, habiendo obtenido la experiencia del verano anterior, nos considerábamos ya oficialmente trabajadores migrantes. Regresamos a Sebewaing, Michigan, donde nos confortó el ver los rostros familiares de nuestros amigos menonitas y de aquellos en la Iglesia Asambleas de Dios que visitamos el año anterior. Ese verano, los menonitas nos prestaron el edificio de su pequeña iglesia-misión llamado Fairhaven para que tuviéramos nuestros servicios en español. El edificio se llenaba de trabajadores migrantes. Algunos de nuestros amigos menonitas se quedaban después de su propio servicio dominical para estar en el nuestro. Y aunque ninguno de ellos hablaba español sí que disfrutaban nuestros himnos y coritos. Les gustaba observar a mis hermanos tocar las guitarras y se impresionaron con nuestra forma de adoración, que incluía palmear las manos y tocar los panderos mientras cantábamos.

Yo aún no sabía cómo predicar. Me limitaba sólo a leer y explicar un pasaje de las Escrituras. El Espíritu de Dios, no obstante, se hacía presente en nuestras reuniones de modo que disfrutábamos de gloriosos servicios pentecostales. Esta clase de cultos era lo que nosotros, «los aleluyas», cómo se nos llamaba entonces, necesitábamos, ya que salíamos del pequeño templo cada domingo listos para enfrentar los retos de la semana con fe renovada y gozo abundante.

Al poco tiempo Dios empezó a poner en mi corazón el llamado para prepararme para el ministerio. Al principio peleé contra su llamado rehusando reconocerlo. Todavía anhelaba ir a la universidad y convertirme algún día en una taquígrafa, no en una predicadora. La razón por la cual predicaba en Fairhaven los domingos era porque se me pidió al momento y no porque quisiera predicar. Yo tenía otros planes, planes de mudarme a Waco porque ¡no me había olvidado de Baylor!

Dios cambió todos mis planes tan pronto regresamos a casa en el otoño de 1965. Me inscribí en un programa de dos años de preparación ministerial en el Instituto Bíblico Betel de Harlingen, Texas. Cada verano seguía yendo con mi familia al norte a trabajar en el campo aun después de mi graduación del seminario en mayo de 1967.

Mientras trabajaba en Michigan en el verano de 1967 sentí que necesitaba hacer más para el Señor y planifiqué mi primer viaje misionero. El plan era regresar a casa para dar mi primera escuela bíblica de vacaciones (EBV) en mi iglesia y luego viajar a Ciudad Juárez, México, para tener otra allá también. Una amiga a quien no había visto por dos años me había invitado a realizar el programa en su iglesia. Mi único obstáculo era conseguir la aprobación de mi madre. Aunque yo ya no era una adolescente, todavía estaba ligada a limitaciones culturales que obligaban a pedir permiso a los padres para decisiones grandes. Yo ya podía oír la negativa: «¿Y qué del resto de la familia que queda atrás trabajando en la labor?». No fue una decisión fácil para mi mamá, pero nuestros amigos menonitas, en especial las familias de Glen Maust y Paul Gingerich, la convencieron de dejarme ir. Siendo fuertes creyentes del trabajo misionero fueron los primeros en respaldarme financieramente y aportar artículos para la escuela bíblica de vacaciones en este mi primer viaje misionero. Pareció que todos en casa aceptaron la idea y al poco tiempo yo iba en autobús de Michigan a Texas. Cierto que era un largo viaje de tres días, pero yo era la «misionera» más feliz a bordo.

CAPÍTULO 4
Al Fin una Misionera

La escuela bíblica de vacaciones fue un tremendo éxito en mi iglesia. Tuvimos más de cien niños. Hasta llamamos al periódico local para que tomase fotos y escribiera un artículo sobre nuestra primera EBV (escuela bíblica de vacaciones) en el Templo Sinaí de Brownsville, Texas. A continuación partí para México, adonde nunca había ido antes salvo para la corta visita ocasional al médico justo al otro lado del río-frontera en la ciudad de Matamoros. Tampoco había sabido de mi amiga Margarita Guerrero en dos años. Ella solamente me había dado un número de teléfono y sólo Dios sabía si todavía el mismo era válido. Determinada por saber si la carga de mi corazón era de Dios o de mis propias emociones, oré por un milagro. Necesitaba confirmación en cuanto al llamado al ministerio y que los ángeles del Señor me llevaran a México si era que Dios de veras me quería allá.

Me quedé a vivir con nuestros queridos amigos creyentes Baltazar y Angélica García porque mi familia todavía estaba en Michigan y yo no quería quedarme sola en casa. Un día, después de la escuela dominical, me sentí en grave necesidad de hablar con Dios. Los García iban a continuar de compras, pero me dejaron en su casa conforme a mi petición. Enseguida, me encerré en el dormitorio, caí de rodillas y empecé a orar y llorar determinada a no cesar hasta que hubiera recibido respuesta de parte de Dios. Después de un rato, sentí que tenía que llamar al único número de teléfono que tenía de mi amiga Margarita. Llamé, pues, a Ciudad Juárez, México, y ¡el teléfono sonaba! Al menos esto indicaba que era un número aún en servicio. Así como mi espíritu se levantó también así de rápido se hundió cuando nadie respondió. Hice un último intento y dejé que sonara como unas veinte veces. «Una vez más», me decía con gran decepción. Cuando estaba a punto de desistir, alguien cogió mi llamada. ¡No me lo podía creer! El corazón se me quería salir y apenas lo podía contener. Me compuse como pude y le hablé al caballero que había tomado el teléfono.

La persona al otro lado era un ministro metodista dentro de la oficina de la iglesia. Él me dijo después que mientras preparaba el sermón de la noche en su casa, la cual da al lado del templo, sintió que el Señor le inquietaba a ir a la oficina de la iglesia. No pudo explicar el porqué, pero obedeció y fue. Al explicarle yo la razón de mi llamada, me dijo que él se asombró de la manera en que el Dios le había movido y prácticamente levantado de su silla para llevarle al templo al lado. Me contó cómo al acercarse a la puerta podía oír sonar el teléfono y se apresuró a tomarlo antes de que colgara. Él me dijo que tenía que haber sido el Señor, pues él normalmente no dejaba que nadie le interrumpiera durante la preparación de un sermón.

Después de darle mi número de teléfono para que Margarita me contactase, me prometió que personalmente le pasaría el recado después del servicio de esa noche. Aun se ofreció para llevar a Margarita de Ciudad Juárez a El Paso, Texas, para recogerme cuando decidiera visitarles. Ya para esa hora, él sentía curiosidad y quería conocer a la jovencita con quien Dios estaba tratando tan fuertemente.

Margarita me llamó al día siguiente y ajustamos los planes. Ella había hablado con su pastor, el Reverendo Luciano Avitia, sobre mí y me esperaba para dar la primera escuela bíblica de vacaciones en la historia de su iglesia.

A la semana siguiente salí para El Paso. Margarita, su hermano Miguel y el ministro metodista me estaban esperando en la estación de autobuses. Me llevaron a Ciudad Juárez y nunca más volví a ver a ese ministro ni oír de él. Margarita no volvió a hablar de él después de ese día. «¡Qué extraño!», pensé, si bien por dentro sabía que él había sido *un ángel* de Dios enviado para confirmar una vez más mi llamado al ministerio.

Junto con mis amigas misioneras Margarita Guerrero (Mage) y María Elena Avitia (Nena) llevamos a cabo tres escuelas bíblicas de vacaciones en diferentes lugares. Cada una de ellas ha quedado indeleble en mi memoria por diferentes razones. En la primera, la cual se dio en la iglesia del hermano Avitia, una niña de nueve o diez años se nos desmayó durante la clase. El hermano Avitia, quien era un hombre de constante ayuno y oración, vino para asistirnos. Oró por la niña declarándola sana en el nombre de Jesús. Para el fin de semana supimos de boca de la abuela que su nieta, diagnosticada anteriormente con leucemia, había recibido plena sanidad de parte del Señor después de haber orado por ella. ¡Qué gran milagro!

En el segundo lugar, en el patio de la casa de Mage, me llamó la atención un jovencito de doce años con una apariencia inexplicable de criminal infantil (en mi opinión). Cuando Mage oyó mi comentar sobre su apariencia, me explicó que, de hecho, él había matado recientemente a su hermano menor. Su abuela, muy ancianita, le dijo a la policía que había sido un accidente aun cuando sucedió en un ataque de ira. Sentí en mi corazón que Dios quería tratar con ese joven. Él solía pararse junto a la cerca a diario a mirar a los niños participantes de la escuelita realizar manualidades. Me acerqué a él y le invité e insistí en que nos ayudara. Para mi sorpresa, él aceptó y hasta me prometió ir para ayudarnos en nuestra siguiente EBV.Fue allá, en la iglesia de la hermana Ruiz, donde Dios salvó a este inocente asesino. El joven lloró profusamente durante el sermón. Luego, cayó de rodillas y con su rostro en el piso rogaba a Dios su perdón llorando hasta no poder más. Cuando le preguntamos si quería entregarle su vida a Cristo, su respuesta fue afirmativa. El cambio fue obvio: su rostro brillaba y ya no tenía ese aspecto maléfico criminal. Ése fue el momento crucial en la vida de ese jovencito. Años después oí que había sido bautizado y que salió junto con el hermano

Avitia a las sierras de Chihuahua para ayudar en una misión donde al final quedó como pastor.

De izquierda a derecha: Margarita Guerrero, yo y María Elena Avitia.

En uno de mis viajes misioneros a México esperando abordar el autobús. Nena (izquierda) y Mage.

Dimos la tercera escuela bíblica de vacaciones en lo profundo de las montañas en Allende, Chihuahua, en una pequeña comunidad llamada Tres Castillos. Dábamos clases para niños en la mañana y servicios de avivamiento por las noches en cada lugar donde teníamos esas escuelas.

El milagro más grande en ese lugar fue la reconciliación de nuestra anfitriona con su hermana de veinte años de edad. Estaban viviendo bajo el mismo techo sin hablarse por meses después de un gran pleito entre ambas. Dios salvó la hermana menor y la paz regresó al hogar.

Al ver la reconciliación, los abrazos, la paz y el mover de Dios en ese pequeño cuarto donde realizábamos nuestros servicios de avivamiento, el hermano de la anfitriona pasó al frente, al altar, para abrazar a sus hermanas. Él también rindió su vida a Cristo y, saliendo con prisa a su casa, regresó con su mujer. Ella había sido una cristiana fiel en su iglesia hasta cuando se casó con él. Desde entonces y por diecisiete años jamás pisó el suelo de una iglesia, ya que su esposo se lo impedía. Con lágrimas en sus ojos, el marido le pidió que se arrodillara y allí, ante nosotras, le pidió perdón y le prometió que nunca más le impediría servirle al Señor. Le dimos todo el crédito y gloria a nuestro Dios, quien estaba realizando todos estos milagros ante nuestros ojos en esa casa. Con todas estas cosas maravillosas que estaban sucediendo, el servicio se prolongó hasta la medianoche. No nos preocupaba el tiempo, puesto que Dios estaba haciendo grandes cosas y eso era lo que en realidad importaba.

Estaba previsto que a la mañana siguiente cogiéramos el autobús a Monterrey, México. No obstante, tuvimos que posponer el viaje, ya que el pueblo, al ver lo que Dios estaba haciendo, no nos quería dejar ir. Las personas que al principio se habían resistido a nuestra presencia diciendo que estábamos invadiendo una comunidad católica ahora nos insistían que nos quedáramos. Resultó que ahora ellos mismos estaban aceptando a Cristo. Ante la conmoción general, hasta el cura del pueblo vino a ver qué estaba pasando. Después de una breve conversación con él, alabó nuestra «buena labor» allí.

Mage y yo tomamos el autobús a Monterrey mientras Nena y su primo José regresaron a Ciudad Juárez. Nosotras dimos una escuela bíblica de vacaciones en dos pueblos más: una en una localidad cercana a Monterrey y la otra en San Luis Potosí donde tuvimos la asistencia récord de ciento veintiséis niños.

La razón que semejante número se me quedara grabado en mi mente fue que en el último día de clase nos vimos obligadas a terminar temprano. Había llovido muchísimo y se nos avisó del peligro de inundación a causa del creciente cauce del río. Si el agua subía hasta cierto límite, nos quedaríamos varadas por días hasta que el nivel del río regresara a la normalidad. Como resultado, no pudimos tener la ceremonia de la tarde con los padres para dar certificados, regalos y otros materiales como solíamos hacer al final de cada semana en las EBV. Sí nos dio tiempo, sin embargo, para llamar a los niños temprano y uno a uno vinieron empapados de pies a cabeza. Me conmovió tanto la escena que yo misma salí a propósito para empaparme también. Mage hizo lo mismo. Lo hicimos por los niños y así ésta vino a ser la ceremonia de clausura más memorable y hermosa de una escuelita que jamás haya tenido. Repartimos los materiales y enviamos a los niños a sus casas tan pronto como se pudo. La lluvia paró por un rato dándonos el tiempo justo para salir del pueblo. Salimos de El Charco del Agua, San Luis Potosí, México con una experiencia que atesoraríamos por el resto de nuestras vidas.

Después de este viaje misionero, perdí contacto con Mage y Nena por cuatro décadas. Y aunque cada una tomó un rumbo diferente con sus propios retos y encomiendas de parte de Dios, nuestra reunión cuarenta años después fue un testamento de cómo el llamado del Señor al ministerio fue uno que perduró en nuestras vidas. Las tres seguimos hoy en día activas en el ministerio para la gloria de Dios.

De izquierda a derecha: Nena Avitia, yo y Mage Guerrero reunidas
en 2008, cuarenta años después de nuestro último contacto.

Mis viajes misioneros al estado de Chihuahua continuaron hasta que
los hermanos Griffin, una pareja anciana misionera, me invitaron a ir a
dar algunas escuelas bíblicas de vacaciones al área de Saltillo, México.
Allí conocí a Silvia Juárez, una jovencita de catorce años a quien invité
para ir a ayudarme con las clases de niños. Sus padres, quienes habían
acompañado a los Griffin muchas veces y quienes conocían el área bien,
la dejaron ir. Las EBV fueron una gran bendición y yo regresé a casa
alabando a Dios por una nueva compañera misionera. Silvia y yo vinimos
a ser amigas muy cercanas y continuamos yendo al campo misionero
hasta después incluso de perder contacto con los misioneros Griffin.

En la actualidad, Silvia y yo seguimos en el ministerio. Nuestros
esposos y familias han sido y son nuestros aliados más fuertes. La
bendición más grande, producto de habernos conocido, es que nuestros
hijos son también buenos amigos. Quiera Dios seguir bendiciendo a
Silvia Juárez de Jasso, a su esposo Santos Jasso y a sus hijos.

Un viento recio

Nunca regresé a México después de mi última EBV con Silvia. En cambio, Dios me movió a ministrar en Toledo, Ohio, donde mi hermana Carmen estaba viviendo entonces. Su pastor me invitó en el verano de 1971 a dar la primera EBV en su iglesia. También me pidió que entrenara a su personal de escuela dominical para dar futuras escuelas bíblicas de vacaciones. Después de unas semanas allí pensé que mi misión había concluido. Pero sucedió que Dios estaba usando este tiempo para cultivar algo en mi propia vida así como en las vidas en aquellos maestros de escuela dominical durante el seminario.

Se acercaba la Pascua de 1972 y yo no tenía ningún lugar donde predicar esa semana. Tener cultos especiales de avivamiento cada Semana Santa era para mí algo imprescindible. (La Semana Santa o la Pascua es la semana que precede al domingo de Resurrección.) Cada año desde que me gradué de la escuela bíblica había tenido siempre la oportunidad de predicar durante esa importantísima semana en alguna iglesia y ya era el sábado antes de esa semana y no recibía ninguna invitación. Sentía morirme y empezaba a dudar de mi llamamiento al ministerio. Pensé que Dios me había rechazado. ¿Qué había pasado con la gracia de Dios en mi vida?, me pregunté. ¿Y qué de los ángeles, visitaciones y revelaciones que disfrutaba? ¿Habían venido a ser cosa del pasado? ¿Qué de mi relación con Dios? ¿Había yo venido a enfriarme espiritualmente y ya no le buscaba como antes? Con tantas preguntas y sin respuestas, me volví a Dios pidiéndole que me hablara y me mostrara qué hacer en esa Semana Santa.

Ese sábado en la noche fue excepcionalmente memorable. Le había estado rogando a Dios que me abriera una puerta en algún sitio para que pudiera predicar el Viernes Santo y en el Domingo de Resurrección. Oré, lloré y esperé desde las nueve de la noche hasta las dos de la madrugada del domingo, cuando algo absolutamente extraordinario sucedió. Apenas había parado de orar y me había acostado, medio dormida, cuando de repente *un viento recio* abrió la puerta en mi recámara. Era la puerta lateral de salida que rara vez se usaba y que daba al exterior de la casa. Un viento del norte tal vez podía justificar semejante vendaval pero mi dormitorio estaba al lado sur de la casa y la puerta estaba bien cerrada. De hecho, al casi no usarse, siempre estaba cerrada y asegurada hasta con tres cerrojos. Amá siempre se cercioraba de que todo quedara bien cerrado, puesto que en esos días éramos solamente mujeres las que vivíamos en esa casa grande.

No me asusté pensando que alguien querría entrar a la fuerza cuando la puerta se abrió sola. Me levanté, fui silenciosamente al dormitorio de mi mamá y oí que estaba dormida (eso era algo extraño, pues ella se levantaba al más mínimo ruido). Una sensación de paz me sobrecogió. Cerré con cuidado la puerta, me arrodillé y empecé a darle gracias a Dios por el milagro que recién había hecho. ¡Acababa de abrir literalmente una puerta! No fue ni revelación, ni sueño, ni ángel siquiera, sino el mismo Dios quien escogió levantarme con una fuerza tan potente como para abrir una puerta tan bien cerrada y a la vez tan suave como para no despertar a mi mamá. Dios me visitó esa noche. Y al instante supe, sin lugar a dudas, que al abrir la puerta de mi cuarto significaba que Dios había abierto una puerta para que predicara durante el fin de semana siguiente. No sabía dónde, pero la peor parte de la espera había concluido. Él se encargaría de los detalles y yo, con gran gozo y confianza, al fin me quedé dormida.

Dormí hasta las seis de la mañana, cuando el teléfono sonó. Era mi hermana Carmen llamándome para darme la noticia de que varios pastores habían estado orando toda la noche y que precisamente a las dos de la mañana el Señor les había indicado que me invitaran a predicar durante su servicio especial de Viernes Santo, en el que varias iglesias tendrían un servicio unido, y también a predicar en el servicio matutino del Domingo de Resurrección. Me dijo que la iglesia local me pagaría todos los gastos de transporte para ir a y regresar de Toledo, Ohio.

El viernes en la noche fue un servicio del Espíritu Santo y de poder. Mientras daba testimonio de lo que me había pasado en casa a las dos de la madrugada la semana anterior, el pastor de la iglesia corrió a la plataforma y tomó el púlpito, pidió el micrófono y dio testimonio, a su vez, de cómo a esa precisa hora Dios había hablado al grupo de pastores reunidos y les indicó a que me invitaran para los servicios de avivamiento del fin de semana. Al oír que los testimonios coincidían, el Espíritu Santo, con una fuerza similar a la del día de Pentecostés (capítulo dos de Los Hechos en la Biblia) vino sobre todos en el auditorio cual espeso manto. Yo apenas había empezado a predicar cuando inserté mi testimonio y el pastor vino a dar el suyo. Después de eso, toda la congregación cayó bajo el poder del Espíritu Santo dándole la libertad que merecía hablando en lenguas, saltando de gozo y hasta caer al suelo bajo su soberano poder. No hace falta decir que no pude terminar mi sermón. Después de un largo tiempo de regocijo en el Señor, el pastor hizo algunos anuncios y despidió el culto de la noche.

Prediqué en el culto matutino el Domingo de Resurrección e inmediatamente volé de regreso a casa llegando a tiempo para el servicio de la noche en mi iglesia, ansiosa de compartir las bendiciones de Dios y las experiencias inolvidables con mi madre, mi familia y con mi iglesia.

Hacia la universidad

Después de siete años como asistente de maestros decidí regresar a la escuela y lograr un grado universitario en educación. Habían pasado ya diez años desde mi graduación de la secundaria cuando pude ingresar en la universidad, aunque sólo fui por dos semestres en 1972-1973. Apenas ingresaba cuando recibí una invitación para enseñar en el Instituto Bíblico Berea en McAllen, Texas. Eso significaba que tenía que dejar mi trabajo con el distrito escolar de Brownsville y poner en espera mi sueño universitario. Después de buscar el consejo de mi madre y de mi pastor, el Reverendo Tomás Amaya, acepté el puesto de profesora y decana, donde trabajé por tres años consecutivos entre 1973 y 1976.

Durante mi tiempo en Berea, la familia Glen Maust, quienes vivían en Michigan, me contaron de sus planes de ir a Bogotá, Colombia en Suramérica. Nosotros habíamos conocido a las familias Maust y Paul

Gingerich durante nuestro primer viaje a Michigan en los sesentas y éstos se habían hecho muy buenos amigos nuestros. Los hermanos Maust volaban a Bogotá a visitar a su hijo, quien realizaba un proyecto misionero con los traductores bíblicos Wycliffe y me invitaron a que fuera y observara un lado distinto del trabajo misionero. El viaje se realizaría en febrero y estaba convencida de que el director de la escuela bíblica me daría dos semanas de vacaciones; después de todo, era un viaje misionero. Por otro lado, mi madre estaba bien preocupada, pero después de cierto convencimiento me dejó ir con la familia a quien tanto queríamos todos. El ir con los Maust a Bogotá fue otro de los planes de Dios y uno que prepararía el camino para un viaje misionero más personal que realizaría más tarde.

Al poco tiempo estaba empacando para volar a Suramérica y encontrarme con los hermanos Glen y Erma Maust. Una vez allí, me interesé mucho en el trabajo que estos misioneros estaban haciendo en el área de la lingüística y de la traducción de la Biblia a idiomas nativos tribales. Pasé la mayor parte del tiempo con los equipos misioneros locales y sus traductores nativos mientras los Maust visitaban a su hijo. Las dos semanas pasaron rápido y prometí orar para poder regresar algún día. Regresamos así a casa para contar del bello trabajo que los lingüistas de Wycliffe estaban haciendo.

Por dos años logré hacer a un lado la idea de regresar a Colombia. Sinceramente me negué a ir, aun cuando el Señor me estaba llamando a volver. Me paralizaba la idea de cruzar los Andes. Pero la necesidad de ayudar a que el Evangelio llegara a los nativos en lugares tan remotos y la culpa que sentía al negarme al llamado de Dios de ir y servir me rompía el corazón. Lloraba al oír la voz de Dios llamándome a Loma Linda en Villavicencio, Colombia, donde Wycliffe tenía sus oficinas centrales. Cansada de resistirme al llamado divino, pero no emocionada del todo con el prospecto de ir, pensé que se la pondría difícil a Dios el que me enviara allá. Le dije que me proveyera todo lo necesario, ya que no me atrevía a pedirle a mi mamá ni a mi iglesia que me cubrieran los gastos.

¿Qué me proveyera lo necesario? ¡Vamos que si Dios tiene maneras misteriosas para lograrlo!

Una tormenta de granizo arruinó mi carro. Después de arreglarlo con el dinero del seguro todavía me quedaban trescientos dólares en el bolsillo. Antes de ir tenía que mandarle a la oficina de Wycliffe, en California, un total de quinientos dólares. ¿De dónde vendrían los otros doscientos? De nuevo, Dios intervino de forma inusual. Una semana después recibí un cheque por correo por exactamente esa cantidad. El cheque era de la universidad reembolsándome por unos cursos que había pagado pero que no había tomado. Con el cheque en mi mano, no podía esconderme ni negarme a ir.

Dios había cumplido su parte del trato y era evidente que Él quería que yo fuera a Colombia. Después de explicarles a mi madre y a mi pastor todo el asunto, ambos sintieron que era de Dios y no se opusieron a pesar de sus reservas; antes me dieron su bendición.

Volé a Suramérica por segunda vez el 31 de marzo de 1977. Esta vez iba sola. Pero ¿quién me iría a recoger al aeropuerto si nadie sabía de mi viaje? Con las prisas me había olvidado de ese detalle. Me puse nerviosa en el vuelo a Bogotá cuando pensé en ello. ¿Podía acaso yo, a los treinta y tres años, confiar aún en los ángeles de mi infancia? ¿Estarían acaso ahí para dirigirme y protegerme? Me sacudí de todo interrogante y me propuse a confiar en el Dios que me enviaba. Él se encargaría una vez más de los detalles. Lo que yo no sabía era que el hermano Bill era el misionero encargado de recogerme según la oficina de Wycliffe. Al llegar y salir del avión dirigiéndome para las aduanas, oí una voz fuerte y alegre que me llamó por mi nombre completo. «¿Quién iba saber mi nombre sino alguien de Wycliffe?», pensé. El hermano Bill me estaba esperando, así como a otros siete visitantes que también iban a Loma Linda. Una vez allí los siete se hospedaron juntos en un edificio aparte y a mí me asignaron con la hermana Greta, una mujer de edad avanzada, que vivía sola con su gato. Yo reconocía que teníamos que amar a todas las criaturas de Dios, pero ¡cómo odiaba yo a los gatos! De todos modos, en pocas semanas aprendí a amar a ese particular felino.

Tenía la impresión que los quinientos dólares que había enviado a Wycliffe cubrirían el vuelo junto con el hospedaje y las comidas. Amá me había dado algo en efectivo y mi iglesia me recogió una pequeña ofrenda que cubría justo lo necesario para mis gastos personales. Mi corazón se hundió cuando me di cuenta de que tenía que pagar extra por la comida y el hospedaje, así como por mis viajes personales a Villavicencio y por los viajes en los aviones privados que usaban los misioneros. Ahora todo esto tiene sentido, pero entonces yo era una sorprendida y despistada misionera. Aunque no entré en pánico sabiendo que podía confiar en Dios y en su provisión, necesitaba no obstante que su provisión llegara super rápido . Oré y lloré hasta quedarme dormida esa primera noche. Sabía que Dios no me había llevado a Suramérica para dejarme tirada allá. Algo tenía que pasar.

El Señor oyó mi clamor y en una forma soberana me confirmó que mi estadía en Loma Linda era Su plan y no el mío. Al día siguiente, la hermana Greta me preguntó si podía cuidar de la casa mientras ella se ausentaba inesperadamente para ir a Panamá por dos semanas para ayudar a otra misionera. Me dijo que si aceptaba cuidar a su querido gato, ella me pagaría todas las comidas en el comisario durante mi estadía allí y también se encargaría de cubrir mis vuelos ida y vuelta desde Loma Linda. Por más que odiara los gatos, ¿cómo podía rehusar? Cuidé de ese gato siamés creo que hasta mejor que la misma hermana Greta, pues ese gato fue la respuesta a mi oración.

Por dos semanas trabajé en una oficina escribiendo a máquina porciones de las Sagradas Escrituras en diez diferentes idiomas que los lingüistas habían traducido para sus respectivas tribus. Algunos misioneros estaban trabajando en la traducción del Nuevo Testamento para la tribu guahibo. Otros necesitaban ayuda para arreglar manuscritos en los dialectos tucano y guayabero. Me sentía bien con mi humilde contribución.

Cuando la hermana Greta regresó, se me pidió ir a la jungla por dos semanas. Una de las misioneras allá se había enfermado y estaba siendo llevada de vuelta a Bogotá. Según las reglas de Wycliffe, la otra señorita no podía quedarse sola y me pidieron ir a llenar el vacío. Mi estadía con los indios tucano fue fenomenal. Disfruté cada minuto de la primera semana. Pero después de la emoción inicial, me entró una desesperación por salir. Las lluvias torrenciales habían causado retrasos y el avión no podía volar ni entrar para regresarme a Loma Linda. Empecé a preocuparme por mi madre y mi familia. No había llamado a casa desde que dejé la base y el único medio de comunicación era una radio que a causa del mal tiempo no servía. Me dio un ataque de ansiedad y empecé a alucinar pensando que moriría en la jungla. ¿Y qué de los otros visitantes? ¿Por qué no se les pidió a ninguno de ellos que viniesen conmigo? Además, yo estaba en Acaricuara, Vaupés, Colombia, mucho más lejos de lo que había negociado. Yo ya quería irme de allí, punto.

Un avión de Wycliffe pudo al final llegar a la pista de la selva de los tucano. La hermana Claude entró y yo, junto con el piloto, salimos para Loma Linda. El piloto fue el mismo que me trajo en primer lugar. Él me explicó que el retraso se debió a las fuertes lluvias. No habían podido llevar, además, los suministros (comida, ropa, etc.) a los misioneros en Acaricuara ni a las regiones vecinas y necesitaban todo el espacio disponible en el avión como cargo. Disfruté la conversación con el piloto, quien era también un voluntario de verano.

Cuando llegué a Loma Linda me enteré de que los otros siete visitantes estadounidenses, de la Costa Este, habían tomado un viaje mucho más corto a una jungla cercana para visitar la tribu correguaje. Su avión tuvo problemas con los motores y las chicas de la ciudad, totalmente desprevenidas, se vieron obligadas a pasar la noche allí. Me acuerdo de cuán enfadadas estaban cuando llegaron a la base la mañana siguiente. Se quejaban de no haber tenido consigo sus cepillos de dientes o sus paletas de maquillaje. Yo, por otro lado, estaba agradecida de estar de regreso de la selva y no me quejé. Estaba feliz porque mi avión llegó sin problemas y estaba lista para regresar a mi casa. Había estado fuera por dos meses y mi mamá debía de estar bien preocupada. Una vez en la base, inmediatamente llamé y le di los detalles de mi viaje de regreso. Estaba ansiosa de volver y compartir con todos las maravillas que el Señor había hecho conmigo en ese inolvidable viaje misionero.

CAPÍTULO 5
Los Ángeles Explican
El «No» De Dios

Corría el año 1976 y todavía yo no había tenido tiempo para pensar en Dora. No me había detenido para pensar en mí misma ni acerca de mi futuro, a pesar de que algunos bromeaban que estaba avanzando en años y de que todos a mi alrededor se estaban casando, incluyendo seis de mis hermanos y hermanas. Yo hacía como que no me importaba, pero dentro de mí deseaba que Dios me concediera el privilegio de casarme. Poco sabía que pronto iba a empezar un capítulo amoroso en mi vida ya no como una joven de dieciséis años sino como una mujer madura en sus treintas.

Habían pasado casi dos años desde que dos jóvenes misioneros amigos habían estado en Brownsville. Uno era de México y el otro de los Estados Unidos. Ambos eran guapos y excelentes predicadores, quienes por años habían venido juntos para dar servicios de avivamiento en el área. Mi madre los hospedaba y proveía transporte a los lugares donde iban a predicar. En una de esas visitas el predicador mexicano me declaró su interés en mí, pero que no podía traicionar la confianza que mi madre tenía en él si me pedía que fuéramos más que amigos. Incómoda con la reacción que mi madre y familia pudieran tener si yo les confesaba mis sentimientos por él, pretendí que el sentir no era mutuo, pero una vez que se fue realmente clamé y le lloré al Señor. Allí estaba el hombre ideal para mí, pensé, con todas las cualidades que una mujer cristiana quisiera, pero yo no podía tenerlo.

De algún modo mi madre se dio cuenta de mi interés por el joven y en algunas ocasiones comentó el temor que sentía por si alguna de nosotras, sus hijas, todavía en la casa, se casara con un mexicano y se la llevara a México. Yo me hice la sorda ante tales comentarios porque yo ya estaba enamorada de él.

Yo no quería que eso pasara; además, él ni sabía de mis sentimientos a menos que se hicieran transparentes cuando nos visitaba. De todos modos, empecé a orar y a llorar por ese hombre. Hasta me enojé con Dios por no responder a mis oraciones. Me sentía lista para casarme y el cruzar la frontera era el menor de mis problemas. Si tan sólo Dios me diera ese hombre, yo sería feliz. Dios respondió a mi oración pero no como yo lo esperaba. Su respuesta fue un rotundo «no». Naturalmente, no me gustó su respuesta y entré en un estado de resentimiento hacia Él. «¿Por qué dijo "no"?», me preguntaba. Mis hermanos y hermanas ni se habían preocupado de orar y estaban casados, y aquí estaba yo rogándole a Dios por su consentimiento y aprobación y me contesta dándome un firme «no». Esto no tenía sentido y, más importante, no encajaba con mis planes en cuanto a cómo continuar con mi vida.

Anhelaba ver a «mi predicador». De hecho, en una de sus paradas en mi casa durante sus circuitos a las diferentes iglesias de Brownsville o el Valle, me había invitado a predicar en su iglesia en México. Como pastor se estaba ocupando de su congregación además de cuidar de diferentes misiones. Insistía en que podía usar mi ayuda. Aunque su invitación era tentadora, cuando menos para estar cerca de él, jamás fui o acepté para no dar la impresión de algo inapropiado para una joven cristiana soltera. Me habían criado con convicciones muy modestas que no me permitían ni dar la más mínima impresión de mi interés. Debía ocultar mis sentimientos por temor a que se revelaran; de lo contrario, me sentiría avergonzada si él se enteraba o percibiera mi interés en él. Me resigné a mantener mis sentimientos en secreto acallando así mis fantasías.

No es de extrañar que nada estaba pasando en mi vida en cuanto a «mi predicador» y mi actitud hacia Dios cambió. En una respuesta infantil al fracaso de Dios de no ver las cosas a mi manera, me enfurecí a tal grado que dejé de orar. Solamente pensaba mis oraciones al arrodillarme ante Él, pero rehusaba abrir mi boca. Esta actitud continuó por un tiempo hasta que Dios intervino de la manera más extraña: enviando dos ángeles directamente a Brownsville para entregar un mensaje divino.

Un domingo en la noche de ese caloroso verano dos mujeres americanas (anglas) entraron en nuestra pequeña iglesia Templo Sinaí en Palm Boulevard y St. Francis Street en Brownsville, Texas. Nos dijeron que vieron el anuncio de la iglesia en el periódico local y que nos visitaban ese día para llevar a cabo una misión de parte de Dios. Sin más, se sentaron y adoraron con nosotros hasta el final del servicio. Después se me acercaron y me preguntaron si conocía de una nevería donde nos pudiéramos ir a platicar. Precisamente había una detrás de mi casa y fuimos. Nadie en la iglesia conocía a estas dos mujeres, pero siendo visitantes misioneras mi madre no tuvo reparos en dejarme ir con ellas esa noche. Después me dijeron que me habían señalado de entre el grupo de jóvenes que había pasado a entonar un canto especial.

Tan pronto llegamos a la nevería me confrontaron directamente y con seriedad pero con mucha cortesía. La más alta de las dos mujeres me miró a los ojos y me dijo: «Nuestra misión tiene que ver contigo y un joven de México». ¿Cómo podían estas personas desconocidas conocer mi vida? Además, yo pensaba que Dios tenía cosas más importantes que hacer que meterse en asuntos como estos. Dios tenía cosas mucho más grandes y mejores en que pensar y no ocuparse ni prestar atención a niñerías entre relaciones juveniles o, al menos, así pensaba yo. Me quedé, pues, sin habla. La otra mujer rompió el silencio cuando me dijo: «Nosotros sabemos que el joven vive en tal y tal sitio y vamos para allá mañana. Te traeremos noticias de él». Me dijeron que irían y regresarían el mismo día, pues el lugar estaba a tan sólo tres o cuatro horas de distancia y su misión era ir y venir inmediatamente sin pasar la noche. Honestamente, yo no sabía qué decir o qué hacer.

Las mujeres no me estaban preguntando nada, más bien me informaban de su misión. Con una inquebrantable confianza en Dios me aseguraron que Él pondría *ángeles* en el camino para guiarlas. Al no entender bien lo que estaba oyendo, mi reacción primitiva me hizo comerme el helado más pronto que lo que anticipaba. Nos despedimos y me dijeron que me verían al siguiente día. Nunca aprendí sus nombres y ellas no dijeron dónde vivían. Cuando les pregunté, una de ellas me respondió: «Me puedes llamar hermana Jane y ésta es la hermana Mary. No tenemos casa o dirección, pues viajamos por todo el mundo». Mencionaron que acababan de venir de Inglaterra donde habían terminado otra misión.

Al llegar a casa no dije nada a mi mamá ni a Melva, mi hermana. Me fui a mi cuarto y empecé a orar. Esta vez sí oré de veras y ya no me sentí enojada con Dios. Me sentía adormecida. «¡Seguro que Dios tiene presentes mis lágrimas y responderá a mi oración!», pensé. ¿Significaba eso que me daría el hombre de mis sueños? Debí de haber orado por horas. Estaba atónita. ¿Quiénes eran esas mensajeras y por qué estaban atravesando por tantas penas cuando ni siquiera me conocían?

Al día siguiente pasaron por mi casa sólo para invitarme a la nevería de nuevo para hablar. Fui con ellas en su coche: un automóvil viejo de un color marrón gastado cuya ventana del conductor no bajaba y el aire acondicionado no funcionaba. «Moverse en el calor del verano en algo así es hasta cruel», pensé, pero, después de todo, una misión es una misión. Debían de ser las seis de la tarde, pero por ser verano, el sol estaba afuera y no se pondría hasta mucho después. Al verlas yo sabía que habían tenido un día muy pesado. La mujer más alta, la conductora del automóvil, tenía el brazo izquierdo quemado por el sol. De hecho, ambas lucían bien quemadas y agotadas. Cuando llegamos a la nevería entraron de lleno al asunto en cuestión.

El mensaje fue breve. Me dijeron que Dios había puesto ángeles, quienes las llevaron directamente a la casa del predicador. Primero, había una familia que estaba esperando tomar un autobús y cuando las mujeres pararon para ofrecerles llevarles sucedió que eran de la misma aldea y que conocían personalmente al predicador y su familia. También hacía falta para llegar a la casa cruzar un río cuyo puente estaba caído. Las mujeres explicaron que Dios tenía ángeles esperando con un bote listo para hacerles cruzar el río y dirigirles a la casa de la hermana del predicador. No desperdiciaron ni un minuto. Jane y Mary conocieron a su hermana, quien les dijo que su hermano estaba en Nebraska, en los Estados Unidos, y que se estaba casando ese mismo fin de semana. Su hermana no estaba segura de que la boda se efectuaría, ya que en diferentes ocasiones en México había dejado plantadas a dos novias en el día de la boda. Ella explicó que eso lo había hecho cuando era un jovencito adolescente y que ahora en sus treinta y tantos años, estaba posiblemente listo para asentarse y formar una familia.

Jane y Mary oyeron la historia y de las próximas bodas y regresaron de inmediato a Brownsville. Después de dejarme saber lo que había, me dijeron que partirían para Nebraska para asistir a su boda. Me aseguraron que me escribirían para dejarme saber si la boda se efectuaría o no. Eso dicho, se excusaron por estar tan cansadas y sudadas y se fueron a descansar, ya que tenían que partir temprano al día siguiente (martes) para llegar a tiempo a las nupcias en Nebraska.

Después de una semana, me llegó una carta de las mensajeras de Dios sin dirección de retorno. La nota decía simplemente que habían asistido a la boda y que mi amado predicador se había, de hecho, casado. Eso fue todo. Fue así que el Espíritu Santo me mostró la razón por la que Dios no me había dejado ni siquiera empezar una relación. ¿Qué si me hubiera dejado plantada como había hecho con anterioridad? Eso me hubiera matado espiritualmente, haciendo que mi enojo contra Dios se profundizase. Me di cuenta de que Jesús, mi amigo fiel desde que tenía nueve años de edad, de ningún modo dejaría que nuestra relación se destruyera. ¡Cuán humillada y avergonzada me sentía por haber dudado de mi Señor y Salvador y, a su vez, cuán fiel Él había permanecido! Fue entonces cuando mis ojos se abrieron para darme cuenta de que el Señor había enviado estos dos ángeles para hablarme y mostrarme que sus planes para mi futuro eran planes dignos de esperar. Hasta este día no he vuelto a oír de la hermana Jane o de la hermana Mary. Estoy convencida de que están en algún lugar del mundo entregando otro de los mensajes de Dios con el propósito de sanar algún corazón quebrantado como lo estaba el mío.

CAPÍTULO 6
Campanas De Boda

Había pasado un año y medio desde que había dejado el Instituto Bíblico Berea y no estaba haciendo mucho más aparte de ayudar a mi iglesia. Pensé que eso me daría la oportunidad de regresar a la universidad y alcanzar un título en educación como anhelaba. Lista ya para inscribirme en enero de 1977, el Reverendo Vidal Garza, el cual había empezado cuatro meses antes un instituto bíblico propio en Brownsville, insistió en que me uniera a él y al Reverendo José Cervantes en establecer la escuela. Accedí a ayudarles y puse a un lado de nuevo mis planes de estudiar en la universidad. Cuando el hermano Garza se dio cuenta de mis labores en Berea (1973-1975), me asignó la administración del instituto. Éramos ahora un equipo de tres. El hermano Garza era el presidente. El hermano Cervantes, el vicepresidente, y yo servía como administradora y secretaria / tesorera. Además de las responsabilidades administrativas también enseñábamos en los cursos de noche una o dos veces a la semana junto con otros pastores locales que nos asistían.

El primer año escolar (1976-1977) fue un éxito total no tan sólo para los doce estudiantes que se inscribieron, sino para la misma escuela, pues ese año marcó el comienzo del Instituto Bíblico Betel (renombrado luego como Instituto Bíblico Southmost), el cual florece hasta el día de hoy. Me encantaba enseñar en el seminario bíblico. Jamás pensé o soñé que sería el medio por el cual el Señor traería un repentino cambio en mi vida. Pasados dos años, la razón se hizo aparente. Dios tenía algo reservado para mí: un marido, una hija y un nuevo ministerio, todo en un solo paquete.

Con el «no» de Dios del verano de 1976, ¿quién iba a pensar en tener un «novio» o la posibilidad de casarse algún día? Ni me preocupaba de orar sobre ello. El matrimonio estaba fuera de mi mente. De mi mente sí, pero no de la mente de Dios.

El éxito del segundo año del instituto bíblico fue eclipsado por una tragedia. Estaba enseñando en el mismo semestre donde ésta ocurrió, pero porque había dado el examen final una semana con anterioridad, yo estaba ausente durante la noche cuando las terribles noticias llegaron. El 26 de abril de 1978 sobre las once y media de la noche, mi pastor (quien era miembro de la facultad y quien estaba en la escuela dando su último examen) llamó al personal para informarnos que uno de nuestros alumnos acababa de perder a su esposa y dos de sus tres hijos en un accidente automovilístico.

El señor Reynaldo R. González nunca había llevado consigo a su familia al seminario ya que, como la mayoría de los estudiantes, iba del trabajo directo a la escuela. Aunque la mayoría de los alumnos eran del área de Brownsville, algunos venían desde Raymondville, Harlingen y San Benito, de donde él era. Aunque no conocíamos a su familia, las devastadoras noticias impactaron en gran manera a la facultad, maestros y alumnos. ¿Por qué él? Él era un hombre humilde, bueno y muy callado. Es más, las únicas palabras que le oía decir eran «Dios le bendiga» al entrar o salir del aula cada lunes, miércoles y viernes.

Me levanté para informarles a mi mamá y a Melva, mi hermana, sobre la llamada del Pastor Amaya. Entonces inmediatamente fui a mi recámara y me arrodillé junto a mi cama llorando con dolor y hasta **cuestionando** a Dios por lo ocurrido. ¿Cómo era posible que algo tan trágico le pasara a uno de nuestros alumnos? Lloré y oré con gran carga en mi corazón. Fue entonces cuando sucedió algo incongruente y totalmente fuera de lugar con el dolor de luto que sentía. Una voz en mi mente me habló y dijo: «Él va a ser tu esposo». Meneé y sacudí mi cabeza. ¿Quién iba a estar pensando en un marido en ese momento? Consideré el pensamiento como diabólico y empecé a reprenderlo. Me enojé con la voz. ¿Cómo iba esta voz a desestimar la pérdida de mi alumno? La indignación que sentí era palpable.

Durante el primer servicio fúnebre me di cuenta de que Reynaldo era hermano de nuestros buenos amigos Ramiro, Raúl y Enedelia González. Los estudiantes que vivían en el área rural de San Benito eran enviados en autobuses a escuelas pertenecientes al distrito escolar de mi pueblo, Los Fresnos, Texas. Raúl y Enedelia habían estudiado con mi hermana Hilda, y Ramiro se había graduado con mi hermana Carmen. ¡Verdaderamente el mundo es muy pequeño!

Amá y yo asistimos al último de los servicios fúnebres el cual se realizó en la pequeña iglesia de la familia González. La iglesia estaba repleta de dolientes. Muchas personas, incluyendo nosotras, nos quedamos afuera para dar oportunidad a la numerosa familia González de estar cerca de los tres féretros puestos frente al altar. El pastor de la familia, el Reverendo José Luis González (no familiar), junto con otros líderes locales y distritales oficiaron los servicios fúnebres. Amá y yo no fuimos al cementerio con la procesión. Regresamos a casa tristes de ver tan sombría escena.

Nunca más ese verano ni al comienzo del semestre otoñal de la escuela bíblica esa voz terrible volvió a venir a mi mente. Estaba claro que no estaba interesada en un compañero y el matrimonio ya no me era algo deseable. Me ocupé en mis asuntos trabajando de día como asistente de maestros y en las noches en el seminario bíblico.

Me sorprendió muchísimo, ocho meses después, que mi estudiante Reynaldo González me insultara llamándome por teléfono una noche para invitarme como su acompañante durante la cena de Navidad de los alumnos. El cuerpo estudiantil estaba preparando la cena y había sugerido que los casados llevasen a su cónyuge y que los solteros llevaran a un acompañante.

¡Qué atrevido al invitar a un profesor! Estaba furiosa. Era un insulto terrible. ¿Qué pensaba él que yo era? Muchos pensamientos cruzaban mi mente. Allí estaba yo, una mujer relativamente joven, soltera a los treinta y cuatro años de edad, y este viudo, con quien hice luto por la pérdida de su familia hacía unos meses, me llamaba. Super enfadada e incapaz de aguantar más, fui al cuarto de mi mamá y, parada junto a su cama, le expliqué lo que acababa de pasar. ¡Su respuesta me sorprendió! Las palabras que habló no sonaban como de ella, pues no estaba en su naturaleza el tomar insultos o temas de semejante magnitud de forma tan calmada. Todo lo que me dijo fue: «¡Deja de quejarte, Él es!». Que me insultara alguien más es una cosa, pero ¿Amá?, ¿mi propia madre? ¡Eso era más de lo que yo podía soportar! No podía creerlo. Me fui de su cuarto al mío, me arrodillé y empecé a llorar mi coraje hasta no poder más.

En un instante, mi enfado se volvió en compasión por mi alumno, el hermano Reynaldo. Al orar, recuerdo intentar justificar mi coraje y el sentirme insultada. Le expliqué a Dios que no quise ser grosera con él cuando rechacé su invitación de ir a la cena y que tampoco me sentía superior a él ni pensaba que él no era suficiente para mí. Me sentí mal y avergonzada por mi reacción. Le pedí perdón a Dios, pero me mantuve firme en mi posición pues, en mi pensar, un estudiante no debe mezclarse con sus profesores.

La Navidad pasó bien rápido y el regreso al trabajo y a la escuela bíblica fue una bendición. En el seminario todo iba con normalidad. No me molestó ver a Reynaldo y parecía que a él no le había molestado mi dura respuesta en diciembre. Él había compartido su interés por mí con dos de sus compañeros de clase, hombres de su edad, quienes (me di cuenta después) junto con otros le animaban a que me pidiera salir con él de nuevo. Algunos parientes y dos ancianas, guerreras de oración, no sólo oraban por él, sino que también le explicaron que una joven modesta no iba a responder afirmativamente al primer intento y que, por lo tanto, no debía rendirse si en realidad estaba interesado y listo para continuar con su vida.

El hermano Reynaldo tomó el consejo y a finales de enero (1979) me llamó de nuevo a casa para invitarme a cenar un sábado en la noche. En esta ocasión fui amable y no hostil como la otra vez. La culpabilidad que sentí anteriormente me hizo aceptar la invitación. No obstante, había dos condiciones: yo iba a invitar a otra pareja a que fuera con nosotros e iba a manejar sola al restaurante en vez de que él me recogiera (esto era algo que Amá no iba a permitir). También tenía que estar en casa antes de las diez. Melva y yo, de veintisiete y treinta y cuatro años de edad, respectivamente, éramos las únicas hermanas todavía en casa y teníamos aún que obedecer las reglas, las reglas de mi mamá.

Nunca había tenido una cita antes y me puse roja de pura pena. La idea de ir me torturaba, pero no podía herirle de nuevo. Después de todo, él era muy humilde y yo no quería lucir arrogante o dar la impresión de que yo era demasiado buena para él.

Invité a Raquel y Joel. Rachel era otra de mis estudiantes, quien debía saber de su interés por mí, ya que me había hablado de él una o dos veces antes. Ellos ayudaron a crear un ambiente ameno. Reynaldo estaba tan nervioso durante nuestra primera cita que después de la cena descubrió que había dejado sus llaves dentro del carro cerrado. Con la ayuda de un cliente del restaurante, él y Joel consiguieron abrir el vehículo. Pobrecito. Nos fuimos todos y yo sentí un gran alivio.

Dos días antes del día de los enamorados (Día de San Valentín), Reynaldo me llamó por tercera vez. Esta vez insistiendo en que fuéramos solos, ya que quería hablar conmigo a solas. No sé por qué acepté. Quizás estaba ya pensando que Amá tuviera razón. Ese día resultó ser nuestra primera verdadera cita. Allí me pidió permiso para lanzar el noviazgo y ser mi galán. Me explicó que su interés por mí iba en serio, que había orado mucho por mí y que después de la pérdida de su familia todo lo que quería era continuar con su vida a causa de sí y de su hija Dina.

¿Era ésa realmente yo? ¿Qué estaba haciendo? ¿Por qué dije que sí a esto? ¿Y por qué iba todo tan rápido? No tuve tiempo para responder a todas estas preguntas en mi mente. Eran casi las diez de la noche y yo tenía que regresar a casa rápido. Ese día él debió de haberse ido como el hombre más feliz de la Tierra mientras yo cargaba otra pena. Antes de llegar a mi casa, tenía una parada que hacer. Me detuve en casa de una amiga para dejar la caja de chocolates que él me había dado. No me atrevía a ir a casa con ella. ¿Recuerdan del dilema de mis anillos y reloj de hacía dieciocho años? Pues algunas cosas nunca cambian. Le di a mi amiga una rápida explicación, dejé la caja y me fui rápido a casa aturdida con todo lo que me estaba pasando. Entonces realicé que todo eso tenía que ser del Señor. No había otra explicación. Claramente entendí que era Dios quien estaba compensándome o conformándome por haberme negado aquel guapo predicador mexicano con otro alto y guapo hombre temeroso de Dios a quien estaba empezando a amar.

En abril del mismo año, Reynaldo me propuso matrimonio y acepté con una muy seria condición: que su hija Dina viniera a vivir con nosotros una vez nos casáramos. Ellos habían estado viviendo con su papá y sus dos hermanas mayores. Me aseguró que Dina me aceptaría con agrado, puesto que deseaba tener una vez más su propia casa. ¿Por qué estaba yo hablando así o demandando mucho? Quizá porque en unos pocos meses desde el comienzo de nuestra relación formal había aprendido a amarle de una manera diferente, seria y madura. Ya no sentía lástima por él y podía verme genuinamente como su esposa y ver a Dina como una hija. Sabía que no estaba locamente enamorada de él como lo estuve de mi primer novio cuando tenía dieciséis años y que tampoco había orado y llorado por él como lo había hecho por mi hombre predicador. Esta relación era diferente. Era como si hubiera saltado sobre todo romance superficial y temporal para zambullirme directamente en una relación seria y profunda de amor verdadero. Sólo sabía que él era el hombre para mí, y que esta era la voluntad de Dios. Recuerdo que le dije a Dios: «Ésta es tu obra, así que ayúdame ahora». Y él lo hizo.

Un mes después, Reynaldo envió a su pastor y a un amigo para pedirle a mi madre mi mano en matrimonio. (Aunque orgullosos de ser americanos, nuestra herencia mexicana nos impone ciertas tradiciones, siendo ésta una de ellas: el novio no pide la mano en matrimonio por sí solo; en cambio, envía mensajeros como mediadores, usualmente amigos y parientes. Yo era de la opinión que esta tradición era hermosa y todos en mi casa lo habían hecho así. Yo no iba pues a ser la excepción). Días después, su papá y sus dos hermanas vinieron para la visita oficial (la segunda parte de la tradición si la primera visita iba bien). Pusimos la fecha para nuestra boda para el 28 de julio, dándonos dos meses para preparar el gran día; habían pasado ocho meses desde de la primera llamada, seis meses desde la segunda y cinco meses desde que oficialmente lanzáramos el noviazgo. Melva estaba emocionada con que la boda cayera en el día de su cumpleaños y Amá no tuvo ninguna objeción.

Cuando compartí las nuevas con mi Pastor e iglesia todos se asombraron. Nadie ni siquiera jamás había oído que estaba saliendo con un caballero y mucho menos que me iba a casar. Todo lo que sabían era que estaba sirviendo al Señor de todo corazón y que nada salvo la iglesia ocupaba mi mente. Los adultos y los jóvenes de mi grupo se entusiasmaron a tal grado que sin decir yo la palabra «boda» ya se ofrecían para ayudar. Por otro lado, los niños empezaron a llorar. No les gustaba para nada la idea de que me fuera y no ser más su líder durante los servicios infantiles de los viernes. Tuve que sobornarles, literalmente, a que se unieran a la alegría de los demás. Primero, les prometí que seguiría dirigiendo la actividad infantil hasta fin de año y, segundo, les prometí que les tendría un cuarto reservado sólo para ellos durante la recepción y un pastel de boda exclusivamente para niños. Con esto, los pequeños se unieron a la alegría del momento.

El 28 de julio de 1979, el día de la boda, llegó con rapidez. Dios estaba en control y yo me limité a seguir Sus instrucciones. Él se ocupó aun de los detalles más pequeños, de modo que al final del día todos alabaron a Dios y comentando se maravillaban por una boda tan «perfecta» según ellos. No faltó absolutamente nada, aunque la asistencia fue de más de quinientos adultos y exactamente ciento cuatro niños entre los invitados. Los adultos elogiaron el servicio de alimentación y se gozaron al ver a Georgeana, mi sobrina de cuatro años, vestida como una novia, quien acompañada de su pequeño chambelán, caminaba delante de mí en la sala de recepciones honrando y representando a todos los niños de mi iglesia.

El día de mi boda, 1979, con la pequeña novia, Georgeana, representando a los niños de mi iglesia.

Ni uno de los ciento cuatro niños se levantó de su asiento. Dios me había dirigido a tener dos adultos en cada mesa para asistirles. Si alguno se viera en necesidad de levantarse, el tal sería escoltado por un adulto. ¡Qué boda! ¿Quién sino Dios hubiera dirigido semejantes preparaciones?

Después de la celebración de boda y del viaje de luna de miel, me volví a mi nuevo ministerio: mi nuevo hogar. Ahora tenía un esposo y una hija. Dina era una agradable jovencita de catorce años, quien me había aceptado bien. Era también muy valiente y prefirió no hablar de su mamá o de sus hermanitos que habían perecido. Yo sí los mencionaba tratando de ayudarla a manejar la pérdida. Yo amé a Dina, la acepté como del Señor y me sentía responsable por su vida y su bienestar espiritual. Su padre estaba enfermo, pero nadie sabíamos el verdadero diagnóstico. Atribuíamos la enfermedad a consecuencias de aquel accidente y al profundo dolor de haber perdido a su primera esposa y dos hermosos hijos. A causa de su humildad y debilidad física, Reynaldo prácticamente me dio el cuidado de Dina en su totalidad. Su madre y su padre eran cristianos y la habían educado en la Iglesia, pero la inmensa pérdida la hacían necesitar de mucho cariño, afecto, comprensión y consejo. Era una gran tarea, pero confié en que Dios me ayudaría a guiarla en Su camino.

CAPÍTULO 7

¿Yo, una Pastor?

Justo al mes de nuestra boda, se nos ofreció a mi esposo y mí una posición como pastores en Olmito, Texas. Olmito es una comunidad bien pequeña ubicada entre San Benito y Brownsville. Ya había una pequeña misión que realizaba servicios allí, pero hacía falta un liderazgo dedicado y de tiempo completo. La «misión» había sido auspiciada por el pastor e iglesia donde asistía Reynaldo anteriormente (Iglesia Asambleas de Dios). Después de ciertas negociaciones y clarificaciones con su pastor, aceptamos la posición que nos ofrecieron.

Los líderes distritales y seccionales de las Asambleas de Dios estaban bien informados del hecho de que yo sería la Pastor Oficial mientras que mi esposo, debido a la enfermedad, solamente aparecería en los documentos como pastor titular. Él se había graduado recientemente del seminario bíblico donde nos conocimos y no tenía experiencia ministerial. Por ello, se apoyaba en mis muchos años de experiencia en diferentes campos ministeriales. Él aceptó el reto de asumir el título de pastor, si bien y después de todo, yo sería la encargada de predicar, enseñar y manejar todos los asuntos de la iglesia como es requerido por las leyes estatales y los estatutos del Concilio General de las Asambleas de Dios.

Empezamos la misión con sólo dos familias (cuatro adultos y dos niños). Los Martínez y los Pérez eran oficialmente los únicos miembros. Ellos también entendieron que yo era la Pastor y que todo lo relacionado con la iglesia debía dirigirse a mi persona y, en última instancia, ser aprobado por mí. Los miembros no debían molestar a mi esposo en lo absoluto ni esperar que participara en nada. Todos sabían que estaba enfermo.

Semana tras semana, servicio tras servicio, nuevas personas venían y se unían a nosotros. Dios empezó a bendecir esta pequeña misión de una forma poderosa. En un mes ya teníamos funcionando los departamentos de varones, mujeres y jóvenes. La escuela dominical rebosaba de gente en nuestro pequeño edificio. Las clases para niños y jóvenes se daban bajo un árbol o dentro de un viejo autobús escolar reacondicionado para acomodar clases para niños.

Cuatro meses pasaron y aunque estábamos trabajando fuerte en la iglesia también estábamos preparando la fiesta de cumpleaños de Dina: sus quince. (En la cultura mexicana, la fiesta de quince años para una jovencita se la denomina «quinceañera», la cual es una celebración muy importante tanto para la joven como para su familia. Las preparaciones de una quinceañera se asemejan a toda una boda). Éste había sido el deseo de su madre y lo menos que podíamos hacer era honrar dicho deseo. La celebración fue muy bonita y Dina lucía bien radiante. Verla sonreír, reír y jugar otra vez me hizo ver que Dios estaba respondiendo a nuestras oraciones a su favor y que la estaba sanando interiormente.

Dina en su quinceañera, solamente cuatro meses después de mi boda.

No fue fácil para Dina el cambiar de iglesia, pero sin lugar a dudas que ello vino a ser una bendición disfrazada, ya que ella necesitaba un cambio de ambiente. En su iglesia ella hubiera tenido en su mente la imagen vívida de los tres féretros puestos ante el altar y de todos los servicios fúnebres. Dios sabía cómo esto la afectaría y la preparó para un cambio y retos nuevos en un lugar distinto de adoración: la iglesia de Olmito.

Esa pequeña misión, llamada Templo El Divino Rey, parecía como un faro de luz para los residentes de Olmito. Las buenas nuevas corrían rápido. Dios se estaba moviendo de una forma poderosa e iba llenando el pequeño edificio con gente de las comunidades vecinas. Nosotros (Reynaldo, Dina y yo) nos regocijamos y seguimos trabajando a lo mejor de nuestra capacidad.

El Señor nos bendijo de forma milagrosa. Dieciocho meses después estábamos cerrando el trato comprando una propiedad y empezando a construir un nuevo templo en un sector más céntrico de la comunidad. Muchos amigos cristianos vinieron a ayudarnos en el proyecto de construcción. Todos y cada uno de la iglesia también participaban. . Digo, todo hombre, mujer, joven y niño estaba activamente involucrado de alguna forma. Todos trabajando unidos como un solo hombre hasta terminar la obra.

Para este tiempo la enfermedad en mi esposo había empeorado y yo estaba emocionalmente angustiada. Acababan de diagnosticarlo con Esclerosis Múltiple y como consecuencia eso le afectó su caminar a tal grado que tuvo que dejar su trabajo de veinticinco años con la Joyería Zales. A pesar de su condición física, le gustaba siempre estar en el templo y ayudar en lo que estuviera a su alcance por más poquito que fuera. Así continuamos pastoreando la Iglesia en el Olmito por cinco años y medio. Durante estos años nuestra familia aumentó con dos nuevos miembros, Rey Jr. nació en 1980 y Mike, en 1981.

Pastorear esta floreciente comunidad cristiana era un gozo inmenso para mí a pesar de que la enfermedad de mi esposo empezaba a demandar más de mi atención. Es por ello que me fue una gran sorpresa (un choque) cuando en aquel momento y sin razón aparente, Dios me habló que dejara la Iglesia. No lo entendía. Acabábamos de terminar un ambicioso proyecto de construcción.

Apenas había dirigido lo que fuera, quizás, el más notable esfuerzo de plantación de iglesia en Olmito. ¿Y se me pide que la deje? Cierto, la incesante tarea de cuidar a mi esposo, a mis hijos y a la iglesia era agotadora, pero no imposible. Aunque no entendía las razones, no me opuse a las instrucciones de Dios porque yo sabía que eran Suyas. Seguramente Él tenía otros planes, planes que aliviarían la carga y me darían tiempo para atender a mi esposo, a Dina y a mis dos muchachitos.

Las familias de la Iglesia habían sido de gran ayuda y amaban a mis pequeños en gran manera. Rey acababa de cumplir cuatro años y Mike estaba a tan sólo dos meses de su tercer cumpleaños cuando en una Junta de Miembros presenté la noticia de mi renuncia como Pastor. Ayudé a la iglesia quedándome y dirigiendo a los miembros durante el proceso de selección y elección de un nuevo pastor. Se tomó un buen tiempo, pero al final mi partida se efectuó en agosto de 1984.

Un cambio espiritual

El dejar la iglesia de Olmito fue angustioso y muy duro para mi marido, para Dina y para mis niños. Por poco me pesaba el haber obedecido a Dios. Me sentía físicamente débil y parecía haber llegado al fin del camino tanto emocional como espiritualmente. Después de pelear con la lucha más grande de mi vida, busqué consejos de un ministro de mucha experiencia y que me conocía desde mi niñez, el Reverendo Doctor Roberto Avitia de Brownsville, Texas. El Doctor Avitia me aconsejó y oró por mí con tanta seguridad de que Dios pronto me abriría una puerta, porque era obvio, dijo él, que yo necesitaba estar «detrás de un púlpito» ministrando en algún lugar. Me animó al declarar que pronto me recuperaría tanto emocional como físicamente.

Exactamente dos semanas despúes de que el Reverendo Avitia oró por mí, el señor Santiago Reséndez y su esposa tocaron a la puerta de mi casa pidiéndome que fuera a ayudarles en su pequeña misión (iglesia en su casa), la cual habían empezado hacía dos o tres años. Me compartieron sus luchas sufridas al ellos obedecer con simpleza el llamado de Dios de empezar la misión pero sin entrenamiento ministerial alguno. Me confesaron que estaban listos para cerrar la misión cuando oyeron que yo ya no estaba de Pastor en Olmito. Ellos y un grupo pequeño de dieciséis personas, la mayor parte de ellas familiares, oraban rogando a Dios que enviara a alguien. Decidieron que si Dios no lo hacía, eso era indicación de que Él quería que cada uno tomara su rumbo buscando otra iglesia a la cual asistir. Acepté ir con ellos el domingo siguiente para explicarles todo lo que implicaba el tomar una misión o iglesia. También les expliqué mi posición como ministro dentro de las Asambleas de Dios, de modo que si me querían como pastor tendrían que incorporarse y afiliarse dentro de la misma denominación y dejar de ser un grupo independiente.

Sucedió que eso era lo que precisamente querían oír. El grupo estaba cansado de tener ministros independientes o predicadores itinerantes que venían para luego irse al mes o dos dejándoles como ovejas sin pastor. Después de que ellos platicaran entre sí acerca de las ventajas y obligaciones de tener un pastor dedicado, el grupo accedió a mis términos y fuimos instalados oficialmente como pastores de la pequeña misión el día 17 de febrero de 1985. Aplicamos y mandamos nuestra solicitud para pertenecer oficialmente a las Asambleas de Dios y para al final registrar la iglesia con su nuevo nombre: Templo Ebenezer de las Asambleas de Dios.

A pesar de ser una Iglesia nueva, pronto nos reconocieron como una iglesia afiliada al Distrito porque estaba financieramente estable y por estar operando bien con todos los departamentos requeridos. Continuamos con los servicios en la casa de los hermanos Reséndez por todo un año. Aunque habíamos agregado unos cuantos pies para ampliar el cuarto de reunión, el lugar se llenaba en cada culto. La necesidad de mudarnos a un nuevo lugar era urgente. Para el final de nuestro segundo año en Ebenezer, ya habíamos comprado una nueva propiedad (cuatro lotes) y empezado la construcción de un nuevo templo. ¡Cuán grandes cosas había hecho Dios por nosotros! Nos había sacado de Olmito para plantar otra iglesia en San Benito.

El 22 de agosto de 1987 sería un día para recordar y celebrar. Tuvimos gente de cerca y de lejos junto con decenas de ministros, los cuales vinieron a la inauguración del nuevo templo que Dios nos había dado. Nuestros líderes del distrito estaban impresionados de ver cómo el Señor nos había guiado y bendecido en tan sólo dos años y medio. Las dificultades del proceso de edificación habían terminado y nos sentíamos listos para enfrentar nuevos retos. Nos regocijamos con extrema gratitud por tener una iglesia de verdad, una casa de Dios, para adorarle y un precioso grupo de humildes hermanos que amaban al Señor. ¡Qué diferencia! ¡Qué cambio espiritual había sido el ser Pastor en comparación con los diferentes ministerios que había ejercido antes de casarme! La experiencia de plantar la iglesia en Olmito quedaría para siempre en nuestras vidas, pero ahora Ebenezer tenía toda nuestra atención.

Foto del proyecto de construcción completado en Olmito, Texas.
La iglesia fue llamada Templo El Divino Rey de las Asambleas de Dios, nombre con el cual se sigue conociendo hasta hoy.

Foto del Templo Ebenezer Asambleas de Dios en San
Benito, Texas, en 2015. El santuario principal fue edificado
en 1987. El anexo de la escuela dominical a la izquierda del
santuario principal fue levantado en el año 2000.

Una nueva revelación

Con un nuevo edificio, queríamos empezar a comprar ciertos aparatos
y componentes domésticos que necesitábamos. Con eso en mente, alguien
donó un viejo refrigerador y francamente eso me perturbó. Esa persona
había comprado una nueva nevera donando la vieja que estaba oxidada
a la iglesia. La hermana Elva, nuestra secretaria, pudo ver lo perturbada
que yo estaba, pero no dijo nada. Poco sabía yo que mi actitud hacia esta
donación particular sería la razón de sentimientos seriamente heridos y
el origen de un nuevo tipo de experiencia ministerial.

Nadie llegó a saber la razón por la que la hermana Elva cayó en
semejante estado de depresión ahí justo delante de nuestros ojos.
Su madre y sus hermanas, miembros también de la Iglesia, estaban
preocupadas por ella pero cuando le preguntaban qué pasaba, lágrimas
empezaban a correr por sus mejillas y con una cara enrojecida decía:
«No se preocupen, todo está bien». Tanto su familia como yo sabíamos
que todo no estaba bien porque ella nunca jamás se había comportado
así. Como su Pastor, me dolía verla retirarse y rehusar toda conversación

alejándose con lágrimas y guardando dentro de sí lo que le perturbaba. Oré fervientemente.

Con sollozos le pedía al Señor que la ayudara. Yo no tenía la menor idea de cuál era su problema, pero tenía que ser algo muy serio; de lo contrario, ella le hubiera dicho algo a alguien en la iglesia o hubiera pedido oración. ¡Quién iba a decir que yo, su pastor, era el problema! Aquí me encontraba orando inocentemente por ella no sabiendo que yo misma había causado la herida en su corazón y que ahora se manifestaba claramente ante todos.

El asunto fue que cuando la hermana Elva me pidió reunirme con ella en la iglesia para enseñarme el refrigerador donado, yo no escogí mis palabras con cuidado al expresar mi disgusto y decepción. Rechacé de plano la idea de dejarlo, aun cuando no podíamos comprar uno nuevo. Ella se limitó a escucharme sin decir nada o mostrar emoción alguna y hasta pareció que estaba de acuerdo conmigo. Sin más que hablar, cerramos el edificio y cada uno se fue para su casa.

Desde ese momento, la actitud de la hermana Elva cambió drásticamente y todo lo que hacía era llorar. En cuanto a mí, yo lloré todo el camino a casa derramando mi corazón y preguntándome cómo alguien se podía atrever a donar cosas de uso a Dios cuando Él merecía lo mejor.

¡Oh, cómo amábamos nuestra nueva iglesia! Ni a mi familia ni a mí nos importaba pasar horas limpiando y embelleciendo el templo. Fue en uno de esos días que al regresar a casa después de la limpieza del templo, que un milagro sucedió.

Mi esposo y yo acabábamos de regresar del templo preparando todo para el servicio del domingo. Físicamente enfermo y exhausto, mi esposo se tiró en cama para descansar antes de bañarse. Mis hijos ya de seis y siete años estaban cansados del calor del verano y listos para tomar una siesta. Tan pronto yo misma me acosté para descansar, oí la voz del Señor que me dijo: «Levántate y ve al templo». Sin pensarlo respondí: «Pero, Señor, ¡acabamos de venir del templo!».

Su suave pero directa instrucción vino a mí de nuevo con las mismas palabras: «Levántate y ve al templo». Esta vez me levanté y, tratando de no despertar a los niños, quietamente le dije a mi esposo: «Ahorita regreso, tengo que ir al templo. Cuando regrese te cuento». Me fui a la iglesia y una vez allí caminé por el santuario y por el anexo (comedor y cocina). Miré y escuché. Escuché y miré, pero ni vi ni oí nada. Caminé por el lugar una segunda y tercera vez buscando algo que el Señor me quisiera mostrar, pero de nuevo no había nada fuera de lo normal. Desconcertada me volví a la casa. En el camino, hablando con Dios, le dije que no había visto absolutamente nada.

Tan pronto llegué a casa me metí al baño antes que mi marido o hijos se despertaran. Mientras me bañaba oraba a Dios en voz alta y todavía aturdida le repetía: «Pero ¡yo no vi nada, no vi nada!». Entonces en un instante como un rayo me vino: «¡Tú no viste nada, tú no viste el refrigerador!». Fue como un eco que resonaba fuerte en mi corazón y en mis oídos: «¡Tú no viste el refrigerador!». Nunca se me ocurrió el buscar algo en particular y yo no estaba pensando en la hermana Elva o en la nevera cuando fui a limpiar o cuando regresé conforme a la orden del Señor.

Más rápido de lo que palabras pudieran describir, salí de la bañera y llamé a la hermana Elva pidiéndole que me viera en el templo inmediatamente. Sin vacilación alguna me dijo que allí estaría. Yo no le pregunté nada ni mencioné nevera alguna. No tenía necesidad, pues ya todo estaba claro para mí. El Señor me acababa de revelar la razón de su depresión, sus lágrimas y su cambio de actitud.

No fui a la cocina para verificar y ver si la nevera estaba allí o no. Ya el Señor me había dicho que no estaba y eso era todo. Las dos entramos al santuario y la pedí que se sentara en la primera banca mientras yo permanecí de pie frente a ella. La conté toda la historia y de la revelación de Dios. Yo lloré y le pedí disculpas una y otra vez por mi abrupta reacción aquel día cuando me mostró la nevera vieja. Sentía mucho haberle causado tanto dolor. La hermana Elva, siendo una mujer fuerte, entre sollozos al final confesó haberse sentido tan herida que mandó quitar la nevera ese mismo día. Ella se sintió herida porque una conocida, no cristiana, la había donado y aunque ella también hubiera preferido un refrigerador nuevo, ella no podía rehusar la donación. En todo caso, después de disculparme y reconciliarnos, oramos juntas e hicimos del asunto algo del pasado.

¡Qué experiencia para nuestra secretaria de la iglesia! Ella sabía sin lugar a dudas que había sido Dios y sólo Él quien me había revelado el asunto porque nadie más sabía lo que había sucedido hacía dos semanas. Cuando se fue, ella era de nuevo la misma de siempre.

Para líderes de experiencia, en el ministerio o en otras profesiones, el asunto de la hermana Elva pudiera parecer como cualquier otro asunto o de cualquier otro miembro. No obstante, este caso era diferente. Para empezar la hermana Elva no era una persona del tipo sensitivo ni andaba con niñerías. Ella era una mujer cristiana sólida que quería agradar a Dios y a su Pastor y, de pronto, se encontraba dividida entre los dos. Aquí percibí un dolor real en una persona que de veras yo amaba. Ése era un dolor que le afectaba a ella y a todos los que ella amaba. El pastorear (o ser pastor), una profesión que trata tanto con la administración y la organización como cualquier otra profesión, es diferente en que también trata con corazones. Ese día, Dios sanó el corazón de la hermana Elva y a mí me enseñó otra importante lección para el pastorado: escoger con más cuidado las palabras.

En cuanto a mí, antes de volver a casa, fui al espacio donde comenzó todo el asunto: el lugar donde se puso en su momento el refrigerador. Allí derramé mi corazón ante el Señor. Le alabé por la hermana Elva quien era una hermana verdaderamente fiel y una excelente secretaria. Le alabé por haber respondido a nuestras oraciones a favor de ella. Y sobre todo, le alabé por su poderosa revelación que sanó toda herida dándonos paz y gozo una vez más. ¡Qué experiencia! El Dios que me había salvado todavía se manifestaba a sí mismo en mi vida aun después de tantos años desde que tuviera la primera revelación a los nueve años de edad. ¡Gloria al Todopoderoso!

CAPÍTULO 8
Alas De Sanidad

El año 1990 fue difícil para mí. Lo empecé con un proyecto en mente esperando terminarlo para mi cumpleaños meses después. El proyecto consistía en compilar ciento cincuenta cantos cristianos antiguos formando un himnario nuevo. Desafortunadamente, tuve que detenerlo todo a causa de una enfermedad repentina que me azotó y que duró por espacio de seis meses y medio. El médico me suspendió de mi trabajo en la escuela desde mediados de noviembre y durante todo el receso de Navidad a causa de una ronquera. Sintiéndome mejor regresé en enero tratando de obedecer el consejo médico de hablar lo menos posible. Pero ¿cómo podría enseñar, predicar y cantar sin usar mis cuerdas vocales?

Esto era más serio de lo que yo pensaba y tenía miedo de ir a los médicos por temor a que me diagnosticaran con cáncer. El cáncer había tomado las vidas de mi padre y de varios otros miembros de la familia Silva. Temía oír la palabra no porque tuviera miedo de morir, pero porque mis hijos eran tan niños todavía, de nueve y diez años. ¿Y qué haría Dina con su padre postrado en cama y con dos hermanitos? Ella era solamente una tierna jovencita de veinticinco años. Semejante pensamiento me deprimía, pero tenía que ser fuerte por ellos y por mi iglesia.

Con úlceras en ambos lados de mi lengua y con la boca y garganta sufriendo de un ardor que ni el agua podía ya aliviar, decidí ir a un especialista de la garganta. Él mismo inmediatamente me diagnosticó con un tumor en mis cuerdas vocales y me aconsejó atención inmediata y descanso. Me recomendó asimismo que dejara de hablar y me suspendió de la escuela otra vez. Ello me dio tiempo para buscar una segunda opinión. Tres de los cinco especialistas a los que fui me dijeron lo mismo, y el miedo me impulsaba a buscar una opinión más. Me diagnosticaron con varias enfermedades incurables tales como el Lupus. Al final, un doctor nuevo de la clínica de diagnóstico de Harlingen me dijo que padecía del síndrome de Sjogren, también conocido como la enfermedad de Mikulicz o el síndrome de Sicca, una enfermedad autoinmune en la cual mi propio sistema defensivo atacaba y destruía las glándulas que producían lágrimas y saliva. Él no mencionó tumor alguno, pero explicó que la sequedad era la razón detrás de la sensación de ardor severo en mi garganta e insistió en tratarlo llenando las glándulas con mucosidad, saliva y lágrimas artificiales. Esto no curaría la enfermedad, pero sería un alivio a los síntomas de sequedad y ardor.

¿Alivio? «¡Yo no necesitaba nada artificial! —me dije—. ¡Lo que necesito es a Dios!» Necesitaba una multitud de ángeles con alas sanadoras que me confortasen en esta hora difícil. Me sentía tan sola y enferma… y necesitaba sanidad física y espiritual. No había nadie con quien pudiera compartir mi problema. Mi madre se preocuparía demasiado si le contaba el diagnóstico y tenía miedo de anunciarlo a la congregación por no afectar su fe.

No acepté recibir nada artificial y decidí regresar al primero de los doctores que visité. Inmediatamente, él me ordenó ir al hospital para remover el tumor quirúrgicamente, el mismo tumor que me había mencionado y el cual ya había crecido en espacio de un mes. Eso fue un viernes de mayo de 1990. La cirugía tendría lugar el lunes siguiente. ¡Oh, cuánto le agradezco a Dios que antes de los lunes están los domingos! Esto significaba que la iglesia tendría la oportunidad de orar por mí antes de la cirugía.

El domingo le conté a la iglesia que al día siguiente tenía que ir al hospital temprano en la mañana para la cirugía. Todos ya estaban sufriendo conmigo viendo el deterioro de mi salud y el anuncio repentino de la cirugía impactó a una congregación que ya estaba bien emotiva. El predicador invitado de esa noche alivió el dolor cuando llamó a todos al altar para que orasen por mí. Todos intercedieron con gran fervor y fe pidiendo a Dios que sanara a su Pastor.

Esa noche, después del servicio, no pude dormir. Caí de rodillas ante el Gran Médico. Tomé la orden de admisión al hospital que habría que presentar a la mañana siguiente y la levanté en alto mostrándosela a mi Eterno Amigo y Compañero. Le mostré el papel a Aquel que me había salvado cuando tenía nueve años y quien había estado conmigo en situaciones aún más difíciles y duras a lo largo de muchos años de peregrinaje con Él. Clamé al Señor Jesús diciendo: «Nunca he sabido que necesites de un láser para hacer una cirugía; y además, yo no voy a invalidar las oraciones de tu pueblo. Así que, *En Tu Nombre*, yo rompo este papel y me voy a dormir y Tú te encargarás de lo demás.»

¡Me levanté totalmente sana! ¡Aleluya! ¡Gloria a Dios! Podía hablar sin dolor, sin ardor y sin tener que beber agua todo el tiempo para aliviar la garganta. ¡Podía ya hablar y cantar! Volvería a predicar y enseñar y asumir mis responsabilidades en mi iglesia. Había traído diferentes predicadores para predicar los domingos en la noche por espacio de seis meses y medio. En los servicios entre semana me ayudaban los ministros laicos y los líderes de los diferentes departamentos. Ahora que ya estaba totalmente sana daría mi testimonio dondequiera que fuera. Y con toda certeza, esta sanidad milagrosa quedaría registrada en el himnario que todavía intentaba compilar. El proyecto que empezó en 1990 al final se materializó en 1995 y cada persona que ahora canta de mi himnario es testigo del poder sanador de Dios.

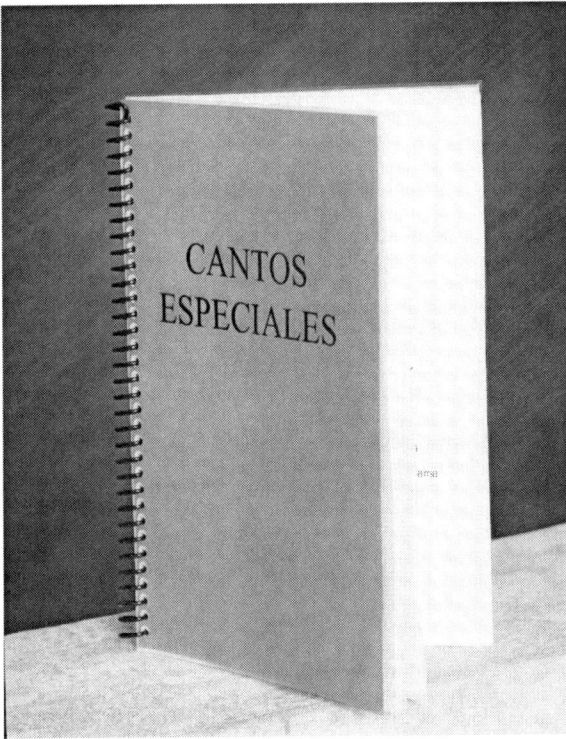

Imagen del himnario *Cantos Especiales*, en el que compilé 150 himnos en español, muchos de los cuales temía que se perderían para las generaciones futuras si no se preservaran.

Todo regresó a la normalidad. Volví al trabajo como maestra de primaria justo a tiempo para los deberes del fin del año escolar. Mis hijos pronto tendrían sus vacaciones y ninguno de los dos había olvidado la promesa hecha de llevarles a Disneylandia cuando Rey cumpliera sus diez años. Su décimo cumpleaños había ya pasado, pero yo había estado muy enferma como para pensar en un viaje lejos de casa. Ahora que ya estaba sana tenía que cumplir mi promesa. Habíamos pasado por tanto durante esos seis meses que merecíamos unas vacaciones de verdad. Con gran gozo y alabando a Dios, hicimos los arreglos para las vacaciones de dos semanas de las cuales hablamos con detalle en el capítulo 1.

¿Dejar Ebenezer?

Dios seguía bendiciendo nuestra iglesia. Ya no había actividades para recaudar fondos ni proyectos de construcción que cuidar. Para este tiempo, el estar dirigiendo una congregación y mi casa, además de cumplir con mi trabajo secular me estaba abrumando. Estaba muy agotada tratando de cuidar de la iglesia, mantener mi empleo como maestra de primaria, dar clases en el seminario bíblico una o dos veces por semana y ocuparme de mi familia. Como si fuera poco, la salud de mi marido empeoró de modo que, en medio de todo ello, tenía que hacer viajes frecuentes al Hospital Metodista de Houston, Texas, para que recibiera el tratamiento contra la esclerosis múltiple que avanzaba agresivamente.

El año 1991 fue uno de grandes decisiones. Aunque me mantuve ocupada y dando todo lo que estaba a mi alcance, sentía como que mi vida había caído en una rutina. Había estado tan ocupada con la iglesia que hasta cierto lugar había descuidado a mi esposo, a Dina y a mis niños que iban creciendo rápidamente. Empecé a sentir lástima por mí misma y por mi familia. Me sentía sola y hasta molesta por cualquier pequeñez que alguien en la iglesia pudiera decir o hacer. Había llegado al fin del camino proverbial física, emocional y espiritualmente. Necesitaba desesperadamente ayuda del cielo. ¡Oh, cómo oraba por una intervención divina! ¿Habría ángeles que pudieran venir y ayudarme ahora? ¿Hablaría Dios conmigo y me guiaría como antes? Lo que sí sabía era que yo ya no podía más y que quería irme lejos con mi familia para disfrutarles y compensar por el tiempo perdido.

Una opción era renunciar como Pastor, pero no quería hacer una decisión abrupta sin la aprobación de Dios. Además, ¿adónde iría con un esposo postrado en cama y dos jovenzuelos? Para entonces, Dina ya se había graduado de secundaria y estaba trabajando en una tienda y no podía acompañarnos. Ella tendría que quedarse con sus tías Tina y Carmen en el rancho de los González.

El Señor empezó a inquietarme a tomar un descanso de Ebenezer y mudarnos para Dallas. Hasta me dio el nombre del ministro retirado que vendría a suplir y ministrar en mi ausencia. Día a día, noche tras noche, el Señor me revelaba el nombre del ministro: el Reverendo Reymundo Hernández quien había sido el pastor de mi esposo cuando éste era sólo un joven. El Reverendo Hernández había visitado nuestra iglesia una sola vez en la cual tuvo que salir de inmediato después del culto para dirigirse al aeropuerto y tomar su vuelo a casa sin darnos tiempo de platicar. Así que yo no le conocía personalmente y tampoco sabía si estaba o no ocupado en alguna otra iglesia. Sólo sabía que vivía en San Ángelo, Texas.

Todo sucedió muy rápido. Yo todavía estaba trabajando y si nos queríamos mudar tendría que ser durante los meses de verano.

A mediados de mayo, justo después de la escuela dominical, el llamado del Señor me vino con la fuerza como de una tonelada de ladrillos. La palpitación de mi corazón se aceleró de forma anormal. Estaba a punto de quebrantarme y no podía contener mis lágrimas.

Desesperada le pedí a Dina que sacara a los muchachos a comer en algún lugar. La dije que necesitaba hablar con su papá. Ante esas palabras y observando las lágrimas en mi cara me miró como quien mira a un fantasma. «¿Por qué? —me preguntó—¿qué te dijo el Señor?» Le prometí que le diría luego pero que tenía que irse pronto.

Mi esposo había estado privado como en coma por tanto tiempo que no estaba consciente de sí o de sus alrededores, por lo que no podía compartir mis problemas o frustraciones con él. ¿Para qué si no podía entender? Además, estaba dormido o sedado la mayoría del tiempo por los medicamentos que estaba tomando. Mi corazón dolía y todo lo que quería hacer era orar y llorar.

Tan pronto como Dina y los niños se fueron, me fui a mi recámara y me arrodillé llorando ante mi amado Padre Celestial. Después de orar un rato y entender claramente lo que Dios quería que hiciera, me levanté y fui para despertar y hablar con mi esposo. Él abrió sus ojos por un instante lo suficiente para decirle: «Babe [se pronuncia

Beib en español], nos vamos a ir para Dallas». Al oír esas palabras se enderezó y preguntó con gran preocupación: «¿A quién vas a dejar en la iglesia?». Yo le respondí que el Señor iba a enviar al hermano Reymundo Hernández de San Ángelo, quien vendría a sustituir. Al instante se quedó profundamente dormido. Yo no estaba segura de si él había entendido lo que le dije. Lo acosté cómodamente de vuelta en su cama de hospital y me volví a mi cuarto, donde me quebranté como nunca antes. Lloré tan fuerte que tuve que cubrir mi cara con mi almohada para que Dina y los muchachos no me oyeran cuando entraran.

Cuando al final me controlé, me levanté, tomé el teléfono y llamé al hermano Hernández. Después de algunos intentos, la voz de un hombre respondió al otro lado de la línea identificándose como el hermano Hernández. Le dije quién era yo y, tras saludar, preguntó por mi esposo. No contesté su pregunta ni comenté de mi esposo, sino que le pregunté directamente: «Hermano, ¿no le ha hablado Dios de venirse a San Benito?». Le expliqué que nos íbamos para Dallas temporalmente y que Dios me había hablado que él sería el que vendría a sustituirme. Mi pregunta fue tan directa e inesperada que no supo qué decir. Después nos explicó que al momento no sabía qué decir porque reconocía que esto venía directamente de Dios. Resulta que el Señor, la noche anterior, le había hablado instándole a que se levantara y fuera a predicar. El hermano se había recluido por bastante tiempo llorando la muerte de uno de sus hijos. Dios tuvo que, literalmente, sacarle de su cuarto. Después de una pausa, todo lo que dijo fue que platicaría con su esposa y que me tendría la respuesta para el día siguiente, lunes, a las seis de la tarde.

El Pastor Hernández no dijo ni sí ni no, pero porque yo confiaba en Dios, colgué el teléfono, con la seguridad de que Dios lo iba a traer. Con suspiro de alivio y seguridad empecé a alabar a Dios dándole gracias por un trato que lo daba por hecho. Dina y los muchachos regresaron y yo les compartí las nuevas de lo que Dios había estado haciendo y de nuestros planes de irnos para Dallas en el verano.

Dina se alegró, por amor a su padre, de que nos retiráramos por un tiempo. Ella se quedaría a causa de su trabajo, pero se conformaba sabiendo que tomaríamos un merecido descanso. Los muchachos se pusieron muy emocionados. Sin duda ellos también habían estado sufriendo en silencio. Justamente unas semanas antes me habían preguntado si podía dejar de ser pastor y entregar la iglesia. Estaban creciendo muy rápido y, aunque no demandaban nada, sí necesitaban mucha más atención de la que yo había podido darles.

A los muchachos les encantó la idea de ir a Dallas a vivir por un tiempo. Ambos habían terminado otro año escolar con notas sobresalientes y el prospecto de regresar a la escuela con una experiencia extraordinaria en el verano hacía el viaje aún más emocionante. Rey estaba en quinto grado y Mike, de nueve años, en tercero.

El Pastor Hernández no había confirmado su venida a San Benito, pero el lunes a la hora de comer, llamé a mi Presbítero, el Reverendo Juan Treviño, y pedí reunirme con él en la oficina de su Iglesia a las tres y media de esa tarde. Le expliqué que era urgente y él accedió. De mi trabajo en la escuela me fui directamente a su oficina en Brownsville, tan sólo para informarle de que iba a salir de la iglesia por un tiempo y que el Pastor Hernández vendría a suplir mi ausencia mientras estuviera fuera. Le conté detalladamente la manera en que Dios había tratado conmigo, incluyendo mi llamada al hermano Hernández el día antes y de cómo él estaba supuesto a llamarme a las *seis de la tarde* ese mismo día para confirmar o rechazar la invitación. Porque yo estaba tan segura de que el asunto era de Dios, le hablé resueltamente y lo reclamé como un hecho. Cuando el hermano Treviño oyó que su viejo amigo de San Ángelo era la elección de Dios para venir y ayudarme, se asombró a tal modo que todo lo que hizo fue repetir varias veces: «Esto tiene que ser de Dios». Se echó a llorar y empezó a orar por mí alabando a Dios por revelar su voluntad en tan gloriosa manifestación. De algún modo, él también sintió que el hermano Hernández me llamaría esa tarde con una respuesta afirmativa.

Cuando llegaron las *seis de la tarde*, yo ya sabía exactamente cuál iba a ser la respuesta del Pastor Hernández. Dios ya me la había puesto en mi corazón. Cuando la llamada entró justamente a la hora prevista, todo lo que el pastor dijo fue que habiendo hablado con su esposa la noche anterior y habiendo orado juntos sobre el tema, el Señor les había hablado de ir y ocuparse de Ebenezer hasta que «Él me sanara».

Yo no sé lo que la congregación vio en mí, pero cuando llamé a junta a los miembros para explicarles todos los últimos detalles de lo que estaba sucediendo en mi vida y de cómo el Señor me había hablado, ellos entendieron que el curso tomado era enteramente de Dios. Ellos sabían que ésa no era la primera vez que Dios me había hablado o revelado algo tan importante como eso; después de todo, seguido les testificaba y compartía de las experiencias que había tenido con el Señor desde mi niñez. Ellos ya sabían de las visitaciones de Dios a través de sus seres angelicales, los cuales prácticamente me tomaban de la mano y me guiaban a lugares altos o a valles de reposo como al cual Él me llevaba ahora.

Para cuando los Hernández llegaron a San Benito a mediados de junio, nosotros ya estábamos listos para irnos. Ya todo estaba arreglado en Dallas para nuestra llegada. La hermana de mi esposo y su familia nos esperaban ansiosamente. Acababan de comprar una casa para alquilarla y querían que fuéramos los primeros en ocuparla y la «bendijéramos» con nuestra estadía. El Señor se ocupó de los detalles de la mudanza, incluyendo todo lo que mi marido necesitaba: desde una cama de hospital hasta enfermeras de cuidado en el hogar. No había nada que tuviéramos en nuestra casa en el Valle que no tuviéramos en la nueva casa de Dallas. Y porque Dios ama a los niños, Él también se encargó de que mis hijos tuvieran abundancia de juguetes, actividades y entretenimientos para nuestra llegada. ¡De verdad que Dios es grande!

El proceso de sanidad empezó con la simple idea de mudarnos. Toda la emoción de irnos por unas vacaciones extendidas llenó nuestros corazones. Las despedidas fueron emotivas, especialmente el dejar a Dina y las familias de la iglesia, pero pronto regresaríamos.

Aun cuando nuestra estadía en Dallas fue por sólo seis semanas, la gracia y la mano poderosa de Dios me sanó completamente. Me restauró física, mental, emocional y espiritualmente. Mis hijos también fueron tocados de una manera milagrosa. Gran gozo les sobrecogió cuando llegó la hora de regresar a casa y a nuestra Iglesia. Ambos se llenaron de ilusión cuando les expliqué que el Pastor Hernández y su esposa regresarían a San Ángelo tan pronto llegáramos nosotros. Estaban agradecidos por el hecho de que yo no hubiera renunciado y que todavía siguiera pastoreando en Ebenezer. Esto también significaba que ellos seguirían disfrutando de los mismos privilegios de ser hijos de pastor. Ellos continuarían siendo los músicos de la iglesia y seguirían teniendo consigo la llave maestra para abrir y cerrar los edificios del templo durante los días de culto. Hasta podrían seguir sentándose en la primera fila de asientos junto a la silla de ruedas de su papá. Rey vino un día sólo para decirme: «Mom (Amá), yo soy hijo de pastor, y una vez hijo de pastor para siempre se es hijo de pastor». Mike asintió con su cabeza secundando esas palabras. Eso lo dijo todo. Estaba claro que volver a Ebenezer era una decisión familiar.

Mi esposo se sentía mejor. De algún modo salió de ese estado de coma temporal en el que se encontraba y se sintió más alerta para disfrutar a su hija, a sus hijos y a mí. Éramos nuevamente una familia contenta y feliz. ¡Gloria a Dios!

Regresamos a casa el 11 de agosto 1991. Toda la iglesia nos dio la bienvenida con un gozo tan sincero que palabras no pueden expresar. El Reverendo Hernández predicó su último sermón esa noche y él, con su esposa, se volvió a San Ángelo casi de inmediato. A las tres de la tarde del día siguiente, nos llamaron para decirnos que, dado que habían salido muy temprano, ya se encontraban en casa. Su labor en Ebenezer había sido de gran bendición. La congregación atesoró sus sermones, sus cantos y sus visitas a los hogares llegando a ser muy amados de todos. Se les echaría de menos, pero ya estaban de regreso con su familia y nosotros con la nuestra.

CAPÍTULO 9
Una Nube Oscura

Una nube oscura de emociones mixtas vino sobre mi vida cuando el Señor decidió «arrebatar» a mi madre («Amá», como la llamábamos) para su hogar celestial el 17 de junio de 1995. Muchísima gente fue a orar por ella, pero tal pareció que las oraciones quedaron sin respuesta. Después de catorce días en el hospital y con señales evidentes que su hora había llegado, mi madre murió como una cristiana triunfante. Digo que fue «arrebatada» de mí por el sentir de tener algo tan drástica y catastróficamente arrancada de mi vida como lo fue con su fallecimiento.

Lloré a mi mamá, mi ángel fiel, por ocho meses hasta aquel 17 de febrero de 1996, cuando Dios sanó mi herida con Su Palabra.

Cada día durante esos ocho meses le preguntaba al Señor por qué no la había sanado. A diario sentía que Dios me había fallado al no responder a mi petición. Temprano esa mañana de febrero, mientras me lavaba delante del espejo, mi rutina de quejas delante de Dios comenzó: «¿Por qué, Señor? ¿Por qué no le diste una segunda oportunidad? ¿No entró ella al hospital confiando en tu poder sanador? ¿Por qué no la honraste?». Era como si quería vengarme y decirle a Dios cuán herida estaba por haberme fallado a mí, a la familia de Amá, a nosotros nueve.

Este quejarme ante Dios se había hecho parte de mi rutina cada mañana, pero temprano ese día de febrero algo diferente sucedió cuando mencioné las palabras: «segunda oportunidad». «¿Por qué no le diste una segunda oportunidad?» Entonces el Espíritu Santo, como si saliera del mismo espejo y me mirara fijamente a la cara me preguntó: «¿Y cómo sabes tú cómo hubiera muerto tu madre, si le hubiera dado una segunda oportunidad?».

Semejante pregunta me hizo recordar de aquella noche cuando el calentador de gas por poco le explota en su cara mientras ella investigaba un extraño olor. Luego me vino a la mente esa ocasión cuando pensé que alguien había entrado violentamente en su casa para torturarla.

Unos años antes, me había aterrorizado cuando mi teléfono timbró a las dos de la mañana. Cuando contesté nadie respondió, pero oí lo que me pareció ser el gemido de alguien en profundo dolor. El gemido se oía como si fuera la voz de Amá y parecía como que alguien le estaba haciendo daño y poniendo su cara sobre el teléfono para que yo la oyera y luego colgaron. La llamé enseguida, pero no hubo respuesta. Temblando llamé a la policía de Brownsville, pero solamente me contestó el servicio de mensajería automático. Llamé a la policía local y me dijeron que tratara Brownsville otra vez. Ya para ese momento yo estaba en un estado de pánico y estaba lista para irme en mi automóvil y manejar hasta Brownsville. Entonces decidí llamar a Amá una vez más. ¡Y he aquí que ella, con voz apacible, contestó el teléfono! (Habían pasado algunos diez minutos después de mi llamada inicial.) Llorando le dije lo que había pasado. Ella me reprendió o regañó recordándome que ésa era precisamente la forma en que el Diablo atacaba de noche y a veces mientras dormíamos. Después de asegurarme una y otra vez que todo estaba bien, con voz severa y firme me mandó a orar e irme a dormir. Estas memorias me venían a la mente mientras estaba parada frente al espejo. Ésa no era precisamente la manera en que solía dar mis quejas rutinarias cada mañana.

Empecé a pedirle perdón al Espíritu Santo. Tratando de acallar mi voz para no gritar, comencé a darle gracias porque mi mamá no había muerto en un fuego y que nadie había entrado a su casa donde vivía sola para hacerle daño. En medio de mis sollozos y lágrimas seguí dándole gracias a Dios que mi mamá nunca tuvo que sufrir una amputación como pasó con tantas de sus amigas diabéticas. Di gracias porque nunca tuvo un cáncer, que no se quedó postrada en cama sufriendo una muerte lenta y dolorosa. Tantas cosas podían haber pasado y, sin embargo, Dios en su misericordia se la había llevado rápida y pacíficamente.

Esa mañana de febrero, el Señor puso fin a mis interrogatorios diarios. Me fui a mi cuarto y tomando mi Biblia me arrodillé sobre mi cama. En un mar de lágrimas, abrí mi Biblia y sin buscar cita específica, la misma se abrió en el libro del profeta Isaías. El Señor dirigió mi mirada al capítulo 57, versículos 1 y 2. ¿Qué más claro podía Dios ser? ¿De qué otra forma más clara me podía dejar saber que se la había llevado para librarla de los días venideros de dolor y angustia? ¿De qué otra forma podría Él mostrarle a Amá, la amada hermana Caraveo (como la conocían todos), que la amaba?

Ahí pues terminó mi luto. Amá viviría por siempre en mi corazón y yo sabía que ella estaba muchísimo mejor en su hogar celestial que en el de aquí. La echamos mucho de menos, pero yo sé, sin lugar a dudas, que mi familia y yo la veremos otra vez algún día.

Espadas de fuego

Después de que mi madre partió para estar con Cristo, Anita, mi hermana, cayó en bancarrota perdiendo tanto su casa como su negocio. Ella vino a vivir con nosotros temporalmente, pues al haberse rentado la casa de Amá, mi hermana no podía quedarse allí. Fue en esos días cuando Anita fue testigo de una espantosa situación donde Dios envió huestes angelicales para protegerme de un intruso.

¿A qué o a quién le ladraban los perros tan frenéticamente listos a atacar? ¿Era un fantasma o una persona que intentaba forzar su camino en nuestra propiedad?

Era como la medianoche de una noche muy oscura. El comportamiento extraño de la perra de Anita, mi hermana, llamada *Princess*, nos despertó. *Princess* se tiraba con tanta fuerza que temíamos que iba a hacerse daño o romper la cadena a la cual estaba atada.

De igual manera, el perro del vecino se abalanzaba hacia la misma dirección, como si atacase ferozmente a algo escondido en los arbustos que separaban nuestro patio de una cabaña vieja de madera que quedaba detrás. Ambos perros se abalanzaban y luego retrocedían con miedo. Anita y yo mirábamos a través de la puerta de vidrio que daba al patio, pero no veíamos nada. Los perros continuaban en su frenesí. Mi hermana quería salir a calmar a *Princess*, pero yo se lo impedí. De inmediato, empecé a orar y reprender.

Mi hermana Anita con su amada perra, *Princess*, una husky siberiana.

Mientras clamaba al Señor para que echase fuera cualquier cosa o persona que estuviera intentando penetrar en nuestro patio, sentí un escalofrío en mi espalda, un hormigueo en mis brazos y un entumecimiento en mi boca que me hizo darme cuenta de que yo (y no Anita) estaba bajo un ataque espiritual.

Podía sentir que alguien se estaba escondiendo entre los arbustos. Al instante, el Espíritu Santo me reveló quién era. Era aquel hombre a quien yo había rehusado bautizar. El tal había salido de la iglesia en un arrebato dirigiendo todo su enojo hacia mí y no hacia el pecado que le había impedido bautizarse. Como Pastor, me mantuve firme en mi posición, afirmando que el bautismo era algo santo y que él no estaba aún preparado para ello. Pero ¿qué hacía él ahí ahora entre las hierbas y cuáles eran sus intenciones? Fuera lo que fuese, el Señor se encargaría de ello.

Los perros al final se tranquilizaron y mi hermana y yo nos fuimos a dormir. A la hora, los perros empezaron de nuevo a ladrar y ambas fuimos de nuevo a la puerta de vidrio. Los perros estaban más agresivos ahora que antes. Sin hormigueo o escalofríos esta vez y orando y reprendiendo vi literalmente que *ángeles con espadas de fuego* estaban parados sobre el límite de mi propiedad. Aunque Anita no los podía ver, yo vi ángeles puestos uno junto al otro cual muro, quienes movían sus espadas y bloqueaban cualquier cosa que estuviera intentando entrar en nuestro patio. Debió de haber sido un instante, unos pocos segundos quizá, pero aquello que había querido entrar fue definitivamente rechazado y expulsado. Los perros retrocedieron con un quejido y todo se normalizó. Ya no tenía más miedo, sino una gigantesca sensación de paz y seguridad la cual vino a mí. Así nos fuimos de regreso a la cama.

Los perros ladraron de nuevo a las dos de la madrugada, pero no con la furia de antes. Yo dormía tan bien que no me di por enterada. Mi hermana me contó a la mañana siguiente que ella y nuestra vecina salieron a pasar revista a los perros. Anita desencadenó a *Princess* dando palmadas en la espalda del ahora tranquilo animal. La vecina, aguantando a su perro, alabó el comportamiento de los animales que habían estado de vigilancia toda la noche. Después de hablar un rato cada una se fue a casa a recuperar el sueño perdido. Ése fue el final de la conmoción de los perros. La tempestad había acabado. En la mañana compartí con mi hermana y mi familia lo de los ángeles con espadas encendidas en sus manos. ¡Qué escena!

Para mi sorpresa, un mes después aquel varón vino a mi casa y se disculpó con humildad por su abrupta reacción cuando rehusé bautizarle hacía un mes. Él admitió que había estado tan furioso que una noche se acercó a mi casa con la intención de dañarme físicamente. «Algo me detuvo», me dijo. Yo no le dije lo que yo vi esa noche, pero mientras él hablaba yo le daba gracias al Señor por su protección. El salmo 34:7 dice que «el ángel del Jehová acampa alrededor de los que le temen y les defiende». ¡Qué bendita promesa!

Ángeles al rescate

En los meses que siguieron al fallecimiento de mi madre, he de admitir que mi enfoque dejó de ser la iglesia y cayó sobre mi propia tristeza y duelo. La tristeza y el dolor que me consumía a diario se acabaron después de aquel encuentro con Dios en febrero de 1996. Había llegado la hora de enfocarme de nuevo en la iglesia.

Mi familia y la iglesia trabajaron diligentemente casi sin parar por los siguientes dieciocho meses. Siempre había algo que hacer y todos sabían que Dios se estaba moviendo de una forma poderosa. La asistencia a la escuela dominical había aumentado el doble, nuestras clases estaban rebosando y era hora de expandirnos. Expandirnos significaba que necesitábamos nuevas facilidades para la escuela dominical. Así que para el año 1998 todo estaba en regla con la ciudad de San Benito para comenzar nuestro nuevo edificio-anexo educacional. ¡Otra vez listos para edificar!

El proyecto comenzó muy bien. Todos los requisitos de la ciudad y del condado estaban cumplidos y con el dinero en la mano la construcción empezó. Poco sabíamos que a lo largo del camino y al estilo de los días de Esdras, Hageo y Zacarías en la Biblia, el enemigo de Dios pondría sus trampas usando a diferentes personas y una variedad de problemas para poner paro a la obra por espacio de un año y medio.

Llegó el día cuando yo ya no podía más. Lloré hasta ya no tener lágrimas pidiendo la intervención de Dios. Después de mucha oración, el Señor envió *sus ángeles* al rescate. Sus primeras instrucciones a mí fueron que me deshiciera e hiciera a un lado a todos los extranjeros que habían participado en la obra inicial y que nosotros, la iglesia, tomáramos las riendas y termináramos el proyecto. Dios iba a equipar a los varones de la iglesia con sabiduría y les ayudaría aun con los más pequeños detalles. Los Hageos y los Zacarías estarían firmes en la Palabra dándose ánimo los unos a los otros hasta terminar la obra. Que Dios continúe bendiciendo a los hombres y mujeres de la iglesia que nos ayudaron a terminar el proyecto con gran esfuerzo y amor. Había gran emoción en el aire cuando vimos el edificio de educación terminado.

En el año 2000, en el Día de los Padres, toda la congregación de Ebenezer junto con nuestros líderes seccionales nos reunimos enfrente del nuevo edificio para la ceremonia de la dedicación oficial. ¡Qué día de victoria! Todo momento de desespero y todas las pruebas que habíamos superado le dieron más sentido a nuestra celebración. Los niños y los jóvenes de nuestra iglesia quienes laboraron y sufrieron con nosotros durante los malos tiempos ahora estaban listos para gozar sus nuevas aulas.

Dios abre una nueva puerta

Yo seguí con mi trabajo en casa y en la iglesia. Pronto vendrían las graduaciones de secundaria de mis hijos. Rey se graduó en 1998 y en el mismo verano ya estaba empezando la vida de universitario en el mismo Baylor University en Waco, Texas. Mike se graduó dos años después en el año 2000 e inmediatamente se fue a Dallas, Texas, para continuar sus estudios en Southern Methodist University (SMU). Ninguno esperó hasta el otoño para empezar la universidad, pues con sana ambición estaban muy ansiosos por proseguir en sus estudios. En ambas ocasiones, Dina nos acompañó a mi esposo y a mí para ir a ver a los muchachos ya establecidos en los dormitorios y para asistir a la orientación. El dejarles solos fue doloroso. El viaje de regreso a casa fue en ambas ocasiones uno de llanto tanto para mí como para Dina. Su padre mantuvo su compostura haciéndose fuerte por nosotras.

Mike tuvo algunas experiencias desagradables en SMU desde el principio. Sus compañeros de cuarto le acosaban y amenazaban con herirle. Él pidió moverse a otro dormitorio y la escuela se lo concedió después de que se explicó la razón. Gracias a Dios, teníamos familia en Dallas y él pasaba los fines de semana con ellos para evitar cualquier confrontación con los estudiantes que buscaban hacerle daño. Yo oraba por su seguridad, preocupada también por su bienestar espiritual. Mike era un buen joven cristiano y no causaba problemas. Él oraba con sus primos en Dallas los fines de semana y ello le daba la fuerza necesaria para aguantar el resto del período de verano en SMU. Mike ya no deseaba seguir allí y esto significaba que tenía que ser admitido en otra universidad. ¿Quién le iba a admitir con tan poco tiempo de aviso? ¿Adónde iría? El Señor tenía que *abrirle una puerta* nueva rápidamente.

La necesidad era urgente, ya que Mike no había aplicado a ninguna otra universidad y, además, el período de aplicación para el estudiante se terminaba durante el último año de secundaria y no un mes antes del inicio del período otoñal. Prácticamente no había esperanza alguna de ser admitido en alguna otra universidad. Por mi parte, yo llamé a varias instituciones dentro del estado sólo para recibir la respuesta que ya sabía: ya estaban todas llenas a capacidad y sólo se le consideraría para el inicio del año siguiente. Mike me pidió que fuera a Baylor para ver si lo considerarían, dada la circunstancia de que para entonces su hermano era un estudiante excepcional allí. Yo rehusé ir pero oraba para que el Señor interviniera abriéndole una puerta. Mi hijo estaba desesperado y yo muy preocupada. Era un gran dilema.

Después de orar mucho por el problema, le aconsejé que fuera personalmente de Dallas a Waco para que él mismo aplicara en la Universidad Baylor. Más tarde, Mike se acordaría de que también le había dicho que no se rindiera una vez allí, sino que sin importar todos los obstáculos y negativas que encontrara siguiera tocando en todas las puertas hasta que encontrase la apropiada.

Mike hizo el viaje siguiendo mi consejo. No hace falta decir que la primera recepcionista, cuando le vio y le dijo que venía para aplicar, pensó que era un tonto. Le dijo que no había espacio hasta al cabo de dos años. Además, la fecha límite para aplicar para ese otoño, el cual empezaba en cinco semanas, había pasado hacía un año. Claro que Mike ya sabía todo esto, pero su mamá le había dado la seguridad de que Dios le iba a abrir una puerta y que no se retractara ni retrocediera.

Mike salió de aquella oficina algo triste pero a la vez las palabras que yo le había dado resonaban fuerte en sus oídos: «Cuando una puerta se cierra, Dios abre otra. No te rindas ni te des por vencido. Estaré orando mientras tú tocas puertas y Dios *te va abrir* una». Al instante, Mike se dio la vuelta y al oír esas palabras de nuevo se volvió a la recepcionista. Tomó una aplicación diciéndole que él redactaría la carta requerida y que entregaría ambos documentos al final del día. La empleada lo miró en total asombro, como si él fuera el estudiante más ignorante del mundo. Fue entonces cuando Mike se identificó como un hijo de ministro y le explicó que él no se podía rendir, ya que su madre le había enseñado que cuando una puerta se cerraba, Dios abriría otra, y que él estaba solamente siguiendo mis instrucciones. Después de entregar los papeles esa tarde, regresó a Dallas con incertidumbre pero también con una chispa de esperanza.

Rey estaba en una conferencia de preparación médica en Chicago, Illinois. Él estaba consciente de todo lo que le estaba pasando a su hermano. Con ánimo de ayudar, escribió cartas, hizo llamadas telefónicas y habló con diferentes personas en la administración intentando, como miembro que era del cuerpo gubernamental estudiantil de Baylor, influenciar a alguien para que al menos se considerara la aplicación y su mérito.

Dos semanas después, mi esposo y yo decidimos visitar a Mike y pasar las fiestas del 4 de Julio con él en Dallas. Al llegar a Waco (que está como a hora y media de Dallas), decidí parar en Baylor y preguntar acerca de la aplicación de Mike. Después de una espera de treinta minutos, se me permitió hablar con la encargada de las aplicaciones aun cuando yo no había concertado una cita.

Lo primero que vi sobre el escritorio de la encargada fue una Biblia abierta. Eso era una buena señal para mí. La conté la razón de mi inesperada visita y al intentar de explicarle de Mike me hizo señas de que esperara. Se levantó y me dijo, mientras salía de la oficina, que no podía decirme nada sin mirar antes en su archivo, añadiendo que ella estaba segura de que no había ninguna aplicación que hubiese sido procesada en las últimas dos semanas. Ella regresó a los dos o tres minutos con cara de asombro diciendo: «¡Esto tiene que ser un milagro!». No podía creerlo. Ella estaba totalmente impresionada ante la aprobación de la aplicación de Mike para una admisión inmediata. ¡Hasta se le permitiría comenzar en la segunda parte del período de ese verano! Después de repetir su asombro varias veces, al final se sentó y me escuchó. Le di el testimonio de mis palabras reafirmantes a Mike acerca de su admisión aprobada para Baylor. Yo no sabía que Dios estaba obrando en mí con el don de fe. Asombrada como estaba, la encargada me preguntó si Mike quería empezar ya mismo y si ése era el caso, tan sólo hacía falta el depósito de 50 dólares para garantizar su espacio. ¡Hablando de un milagro! Nunca tendremos suficientes palabras para expresarle a Dios nuestro agradecimiento y el gozo que mi esposo y yo sentíamos mientras continuábamos nuestro camino hacia Dallas. Estaba segura de que este milagro se contaría una y otra vez a las generaciones venideras.

Mike no podía creerlo cuando escuchaba el milagro que Dios acababa de hacer. Mientras que en un minuto se llenó de gozo, el otro minuto se convirtió en preocupación. Me contó que acababa de salir de la oficina de ayuda financiera de SMU y que le habían negado el reembolso del segundo período de verano que había pagado por adelantado. Yo quería sacudirle y hacerle ver lo que yo ya había visto por fe. Le aseguré simplemente diciéndole que si Dios ya había arreglado el asunto más grande, cuanto más lo haría con los detalles pequeños. Fuimos juntos a la oficina de ayuda financiera una vez más y allí mi Señor y Salvador tenía *un ángel* listo para asistirnos.

El caballero que nos ayudó dijo ser el gerente. Le expliqué que a Mike se le acababa de negar su reembolso. Con calma nos explicó y aseguró que se le reembolsaría. Nos dijo que se nos daría el 100% del importe y que si hubiéramos esperado hasta después del 4 de Julio solamente se nos hubiera dado el 80%. Este hombre era mucho más amable que el que había atendido a Mike minutos antes. La actitud y el comportamiento del gerente ayudaron a Mike a sentirse calmado y seguro. Después de firmar unos documentos, salimos de la oficina como la madre y el hijo más felices que SMU jamás hubiera tenido. De ello estoy segura. Nos fuimos para el carro, donde su padre nos esperaba y compartimos este segundo milagro con él. Todos juntos hicimos una oración de acción de gracias y alabamos al Dios Viviente a quien servimos.

Al día siguiente, con el carro de Mike repleto de maletas, íbamos camino de regreso a Waco justo a tiempo para ver la celebración de fuegos artificiales del 4 de Julio. Nos quedamos en un hotel esa noche y ayudamos a Mike con la mudanza a su nuevo dormitorio la mañana siguiente. Así, Mike se quedó en una universidad diferente donde pasaría sus siguientes cuatro años. Sin duda que allí también habría momentos difíciles, pero Rey estaría pronto de regreso de Chicago para darle la bienvenida, ayudarlo, confortarlo, aconsejarlo y orar con él.

Ceremonia de Anillo en Baylor University, donde Mike recibe y muestra su nuevo anillo a la vez que Rey muestra el suyo en su mano derecha.

CAPÍTULO 10

Yendo Hacia Adelante

Todo iba bien en la iglesia y ahora podía dedicarme a mi familia, pero más aún a mis planes de retiro. Era agosto y el año escolar 2001-2002 ya estaba sobre nosotros. Yo estaba determinada a jubilarme, así que al iniciar las clases a mediados de agosto estaba convencida de retirarme para diciembre de 2001. La escuela tenía un nuevo director y en la primera semana de septiembre le informé de mis planes. Le di amplio tiempo para procesar mi petición y encontrar un reemplazo para el resto del año escolar.

El nuevo director quiso de sí preparar una recepción de retiro para mí. Él, no la escuela, cubriría todos los gastos. Invitó a todos los empleados a la fiesta y hasta me dijo que trajera a mis amigos y parientes, a quien yo quisiera, para festejar con nosotros. Pensé que ya que todo el mundo sabía que yo era una Pastor, aprovechará la ocasión para compartir mi testimonio y contar de mi andar con Cristo desde que tenía nueve años. ¡Qué grata despedida iba a ser!

Diciembre llegó más pronto de lo que esperaba. Como si preparar la fiesta no fuera suficiente, el director me dio (ya en un cuadro) una copia de la invitación especial como recordatorio. Él parecía estar muy orgulloso de lo que estaba haciendo y yo seguía alabando a Dios.

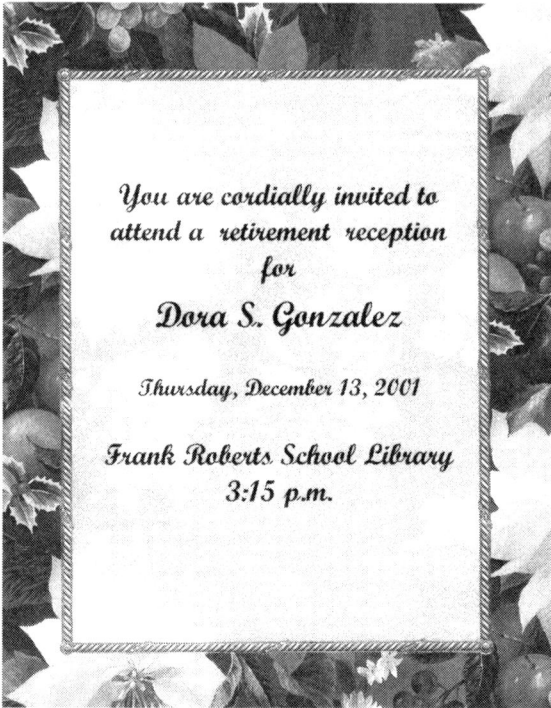

You are cordially invited to
attend a retirement reception
for

Dora S. Gonzalez

Thursday, December 13, 2001

Frank Roberts School Library
3:15 p.m.

La invitación que mi director preparó invitando a la facultad, empleados y administradores del distrito escolar, entre otros, a mi recepción de retiro.

La librería estaba hermosamente decorada y repleta de invitados. No podía creer la cantidad de amigos maestros, directores y empleados del distrito escolar que habían venido. Estaba algo nerviosa, pero a la vez satisfecha. Después de oír todas las cosas buenas que los invitados especiales y mis directores anteriores tenían que decir, se me dio el micrófono para dirigirme a los presentes. Di un corto testimonio de mi andar con el Señor desde mis nueve años y de mi llamado al ministerio cuando era una joven. También hablé brevemente de mis treinta años como profesora de escuela primaria. Sin entrar en muchos detalles, expliqué cómo por muchos de esos años había pasado la prueba de mantener la carrera cuidando a la vez de la salud de mi esposo. Por trece años consecutivos había estado llevando a mi marido al hospital de Houston para tratamientos médicos. En numerosas ocasiones tuve que estar ausente de la escuela a causa de diversas emergencias. Alabé a Dios en público por la paciencia de mis supervisores y compañeros de trabajo para conmigo todo el tiempo y les agradecí sus oraciones, apoyo y amor.

Era verdad que estaba sobrecargada de trabajo: cuidaba de mi familia, enseñaba en la escuela pública y en el seminario bíblico además de ser la Pastor de Ebenezer. Cuando se me preguntaba cómo podía hacer todo esto, yo compartía mi fe y explicaba cómo la misericordia de Dios y su compañía me ayudaba a sobrellevar todo y de cómo su abundante gracia me daba alas para volar como el águila hacia las cumbres más altas donde Él me renovaba las fuerzas y me preparaba para descender lista para enfrentar otro día. «La oración —les decía—, la oración me saca adelante.» Terminé mi pequeño discurso en la recepción de mi retiro con una oración de exaltación al Rey de Reyes y al Señor de Señores.

Siempre agradeceré a Dios por usar a mi director para preparar la escena para mi testimonio público. Confío que la grabación en vídeo de esta magna recepción será atesorada por mi hija e hijos para usarlos como ejemplo con las generaciones futuras de cómo usar cada oportunidad para dar gloria y honra a Dios.

Ya jubilada, podía disfrutar el ser pastor, esposa y madre de tiempo completo. Dina llevaba varios años casada y ya tenía dos hermosos niños. Dirigí mi atención a mis hijos, quienes estaban en la universidad y que, al terminar, se irían aún más lejos de nosotros. «¡Oh, Señor— oraba—, cómo necesito tus *ángeles* ahora!» Necesitaba el mismo apoyo que me había confortado por años, pero también mis hijos lo necesitaban. Ellos ya eran dos hombres adultos y cada uno estaba listo para ir en direcciones diferentes mientras que nosotros en casa seguiríamos orando por ellos.

Rey se graduó de la Universidad de Baylor en 2002. Regresó a casa para enseñar en la Universidad de Texas en Brownsville por un año mientras esperaba ser aceptado en la escuela de medicina. Después de una larga espera, fue admitido a Ross University, ubicada en la isla caribeña de Dominica.

Mis hijos estaban atravesando tiempos difíciles. A Rey no le gustaba Dominica y estaba intentando adaptarse para mantener el rumbo de su carrera. Mike se estaba preparando para graduarse de Baylor cuando tuvo un accidente casi fatal. Mientras montaba una *four wheeler*, se estrelló contra un árbol justo a un mes de su graduación. Pude traerlo a casa a tiempo para la cirugía que requirió, dándole tiempo para recuperarse y llevarle de regreso a Waco para la ceremonia de graduación.

Con la ayuda de dos muletas y entre el aclamo de sus compañeros de graduación, Mike pudo subir a la plataforma y recibir su diploma. Gritó un grito de triunfo con todas sus fuerzas, el cual produjo un mayor aclamo y una ola de aplauso de la audiencia. Estoy segura que Mike deseaba que su hermano pudiera haber estado presente para ver semejante escena, pero Rey Jr. estaba todavía en Dominica terminando sus exámenes finales.

Después de terminar sus cursos en Dominica, Rey fue transferido a Miami, Florida, donde Mike le fue a visitar por varias semanas. Mike se había estado recuperando de una segunda cirugía en su tobillo y el viaje le serviría de bien. Además, Mike necesitaba recibir un impulso en su motivación en cuanto a finalizar una carrera. Esto era algo que había sido puesto a un lado desde su accidente.

Rey debió de haberle motivado muy bien en cuanto a seguir explorando sus posibilidades profesionales, pues al poco tiempo Mike salió para Europa para continuar con sus estudios. Yo oré que mis *ángeles guardianes* fueran con él dondequiera que él fuera. Tenía que entregarlo en las manos de Dios y confiar. Mike se fue para Praga en la República Checa donde viven pocos cristianos y donde según él el pecado abundaba. Si bien Mike había de regresar todavía como un cristiano, ello iba a requerir *huestes angelicales* para ayudarle en su caminar diario en una tierra tan lejana. A menudo nos llamaba para dejarnos saber de sus planes de visitar alguna otra ciudad o país europeo durante los fines de semana. Se hizo difícil el seguir sus movimientos. Así que pegamos en la pared un póster con el mapa del mundo que decía «¿Dónde en el mundo se encuentra Mike?». Ese póster quedó colgado en nuestro comedor por muchos años.

Rey había terminado sus requisitos de ciencia básica y decidió regresar a casa para hacer el Step I de sus exámenes de certificación médica antes de que se le asignase el lugar de su rotación médica dentro de los Estados Unidos. Tenía que ponerse al día en muchas cosas, pues había estado fuera por dos largos años. En Dominica, Rey había adquirido una nueva pasión por el buceo y obtuvo certificación en ello. Por la gracia de Dios, también ya tenía licencia como piloto (aviador) privado. Todo esto aparte de ser un estudiante de medicina. No todo era juego y diversión. Se la pasó estudiando por muchísimas horas. Después de pasar el examen de USMLE Step I, se le asignaron sus rotaciones médicas en Chicago, Illinois.

Aunque nos iba a dejar de nuevo, su padre y yo estábamos muy felices sabiendo que una vez terminadas sus rotaciones se graduaría de la escuela de medicina, la meta de su vida. Además, Chicago estaba bastante cerca en comparación con Dominica y podríamos ir a verle cuando deseáramos. Así que pusimos a nuestro hijo en las manos del Señor, quien le guardaría y protegería a lo largo de sus nuevos retos y aventuras en el hospital donde viviría por un buen rato.

Después de nueve meses, Mike regresó a casa con su fe intacta y con un diploma internacional como maestro de inglés como segundo idioma (TOEFL en sus siglas inglesas). Le tuvimos por tan sólo un mes, ya que se mudó a Nueva York para empezar un nuevo empleo al mismo tiempo que Rey se marchó para Chicago.

Aunque mis hijos estaban lejos, Dina y su familia vivían en nuestra misma comunidad. Ella se mantenía en contacto con sus hermanos y estaba al tanto de nosotros. En cuanto a los *ángeles*, doy testimonio que siempre se mantuvieron cerca.

CAPÍTULO 11
Las Puertas del Infierno Se Abren

A Mike le gustaba su trabajo en Nueva York, pero más por los beneficios que por el estar allí. Entre ellos estaba el vivir como soltero en un espacio grande con su mejor amigo de Baylor, Stefan. Eso duró poco ya que Stefan tuvo que mudarse a otro lugar adonde Mike no podía ir. Sin otra razón para quedarse en Nueva York, Mike aceptó la oferta de Rey de que se mudara a Chicago para vivir con él y conseguir empleo allá. Mike accedió y rápidamente encontró trabajo en una compañía de inversión multinacional como un asesor financiero certificado. El pago era bueno, pera la vida de la gran ciudad de Chicago le afectó negativamente. Espiritualmente Mike cayó en un hueco. Solamente las *huestes angelicales* de Dios podrían sacarlo de ahí.

Recluté un ejército de guerreros de oración que me ayudasen a sacarle del hoyo. Oré y supliqué al Señor que enviara Sus *ángeles* — quienes siempre habían estado ahí para mí— e hicieran todo lo necesario para salvar a mi hijo. Mike cuenta cómo él clamaba al Señor por ayuda y restauración espiritual sólo para verse más y más envuelto en un ciclo de infidelidad a su Señor. De seguro que Dios intervendría en esa hora de desesperación.

Se tomó un milagro, sí, pero Dios lo hizo de nuevo. Y creo que lo hizo por él y por mí. Dios ha prometido en Su Palabra que Él no nos dará cargas que no podamos llevar, y ésta era demasiada fuerte para mí.

El *ángel* de Jehová, mi Cristo, en su poder resucitador entró en la escena y con una palabra, como hiciera cuando andaba con sus discípulos, calmó el mar lleno de problemas. La fiera tempestad desapareció y la negra noche se volvió en el día más radiante que jamás hubiéramos visto. Una nueva luz brilló sobre la vida de Mike. El Señor respondió a nuestras oraciones y Mike fue restaurado espiritualmente de una forma completa y en todo el sentido de la palabra hasta hoy.

Rey estaba pasando por sus propias dificultades y todo como resultado de una relación que parecía perfecta, si bien en realidad era débil y al final insostenible. Mis hijos y yo sabíamos que estábamos atravesando un período de guerra espiritual. Las puertas del Hades habían derramado su furia infernal sobre nosotros, la familia pastoral. Mi esposo no se daba cuenta de todos los problemas y batallas espirituales que estábamos enfrentando a causa de la enfermedad. Dina sí sobrellevó con nosotros esta dura carga con todos sus detalles. Todo lo que podíamos hacer era ayunar, orar y darnos ánimo los unos a los otros. Sabíamos en nuestros corazones que Dios nos daría la victoria. El año 2007 probó ser el *annus horribilis* (el año horrible) de nuestra vida. Con todo, habíamos declarado que «entre más grande la batalla, más grande la victoria». Con el Nuevo Año vinieron nuevas bendiciones, renovadas fuerzas y el triunfo final. Cada demonio y toda fuerza infernal fueron lanzados, por el poder de la oración, a su propio lugar de tormento. El *ángel* del Señor con Su ejército de guerreros celestiales había descendido y puesto fin al conflicto. Cristo peleó nuestras batallas y ahora teníamos la victoria. ¡Gloria al Todopoderoso!

Rey se graduó de la escuela de medicina el siguiente año, en mayo de 2008. Muchos hermanos de nuestra iglesia hicieron el viaje a Nueva York con nosotros para asistir a la graduación. Por mi parte yo pude sentir la presencia de Dios en ese auditorio. Me podía imaginar al Señor parado en la plataforma sonriéndonos listo para mostrar su constante y firme amor para con nosotros, quienes habíamos estado pasando por tanto dolor en los meses previos a la graduación. Cuando Rey tomó su diploma muchos de nosotros no pudimos detener el llanto de gozo y de gratitud.

Todos sabíamos por lo que Rey había pasado y ahora éramos testigos de la victoria que Dios le había dado revelando así Su fidelidad. A través de todo, Rey se mantuvo firme con una fe inquebrantable como la del patriarca Job en la Biblia. Mi hijo había pasado por el fuego y había sido refinado como el oro. Ahora podía declarar que mayor era el que habitaba en él que aquel que gobierna este mundo. La vida de Rey estaba en las manos del Creador, quien le habría de sanar las heridas del pasado y guiarle a un futuro mucho más brillante. Gloria a Dios por jóvenes como él que han consagrado sus vidas al Señor, a Su voluntad y a Su servicio en la arena pública. Mateo 16:18 nos recuerda que las puertas del infierno no prevalecerán. Esa promesa es profética y tiene su cumplimiento en un futuro preciso, pero también encuentra aplicación en nuestras vidas presentes llenas de adversidades. Nosotros nos habíamos apropiado esa promesa y Dios, quien es siempre fiel a Su Palabra, la cumplió.

El asistir a la graduación de Rey ayudó a Mike a tomar la decisión de hacer una carrera médica. Un mes después, Mike dejó Chicago y se mudó a Nueva York, donde St. John's University le había aceptado para comenzar sus estudios como asistente de médico. Le vino como anillo al dedo. Libre del embrollo de Chicago, Mike disfrutaba una vez más la vida como estudiante.

Aun antes de la ceremonia de graduación de la escuela médica, ya Rey se había mudado a Dayton, Ohio, para comenzar sus estudios en abogacía y ley mientras esperaba su residencia médica. El obtener un título en leyes le ayudaría eventualmente. También hay médicos en el mundo que llegan a ser abogados a su vez. ¿Acaso Rey no podía ser las dos cosas, médico y abogado? Rey González Jr., MD, JD. Según Dina, eso sonaba muy bien. Ella ama mucho a sus hermanos y está super orgullosa de sus logros. Les había visto sufrir a lo largo de sus años universitarios y solamente podía esperar que fueran tíos ejemplares y modelos a seguir para sus hijos Michael Rey y Jason.

Quién sabe lo que Dios tiene preparado para nuestros nietos, los que tenemos hasta hoy, pero suplico a Dios que le dé a Dina y a su esposo, Mario, la valentía que me ha dado a mí. Pido a Dios que su fe no desmaye y que como madre siempre esté allí para sus hijos. Es mi deseo que se mantenga firme confiando en Dios, no sólo en los buenos tiempos sino también en los malos. Espero también que las palabras del himno evangélico queden bien grabadas en su corazón: «El Dios de los montes es el Dios de los valles. El Dios de los buenos tiempos es el Dios de los malos tiempos y el Dios del día es el Dios de la noche».

CAPÍTULO 12
Ángeles Me Darán La Bienvenida

Doquiera el Señor me lleve, yo le seguiré. Un día Él me llevará a mi eterno hogar. Entretanto, continuaré predicando el evangelio diciéndoles a las gentes de mi mejor amigo Jesucristo. Quiero también expresar el gran gozo que me ha sido tener a tan maravillosa familia conmigo, siempre unidos todos en el vínculo del poder del Espíritu Santo. Hemos sufrido y llorado juntos, pero también nos hemos regocijado y reído juntos. Regocijado sí, y más cuando nuestro buen Señor añadió a nuestra familia a un nuevo miembro que encajó perfectamente bien.

En 2013 Mike contrajo matrimonio con una hermosa, amable, cariñosa y dulce mujer llamada Kim. El Todopoderoso, en su divino plan, la tenía allí en la Universidad St. John's estudiando como asistente médico a igual que Mike. El sello de la aprobación divina se dio cuando Kim aceptó a Cristo como su Señor y Salvador, enamorándose así de Jesucristo. Hoy, no solamente son dos exitosos asistentes médicos, sino una feliz pareja cristiana que sirve a Dios en la iglesia de la cual son miembros. Mike se sorprende de que él también esté en el campo profesional médico, gracias al impacto que la ceremonia de graduación de Rey, como doctor, tuviera sobre él aquel día en Madison Square Garden de la ciudad de Nueva York.

Aun cuando el corazón de Rey está todavía en la medicina, después de terminar la escuela de leyes fue admitido en la barra de Texas, donde ha estado practicando abogacía en una pequeña pero lucrativa práctica privada. Dios trabaja de maneras misteriosas y sus planes son mejores que los nuestros.

En cuanto a mí, en febrero de 2015, terminé algo que impulsivamente quise hacer cuando tenía diecisiete años y sólo porque mi novio de entonces me había dado un reloj Baylor. Fui reconocida como alumna de la Universidad de Baylor, es decir, un reconocimiento oficial como «alumna por elección» con su ceremonia, certificado y más.

Reconocimiento como «alumna por elección» de la
Universidad Baylor el 28 de febrero de 2015.

Hoy día, sigo pastoreando en Ebenezer y es para mí un gran privilegio el presentar nuevos convertidos a mi maravilloso amigo Jesucristo. Prefiriendo pasar por alto los días difíciles y recordando los buenos, puedo decir con toda honestidad que Dios me ha dado una vida hermosa.

Ya he avanzado en edad. Acabo de cumplir setenta y un años. Han pasado más de sesenta años desde mi primera experiencia con Dios cuando me convertí en cristiana a la edad de nueve años. Amo a mi

Dios, a mi familia y a mi iglesia cada día más. ¡Qué privilegio ha sido el servir a Dios toda mi vida y el tener la oportunidad de presentarle mi familia! No podría pedir más.

No sé cuántos años más el Señor nos conceda a mi esposo y a mí, pero lo que sí sé es que nuestra intención es de servirle y vivir para Él el resto de nuestros días. Los *ángeles* siempre serán parte de nuestras vidas y confío que estarán presentes en nuestros últimos momentos de vida para llevarnos a la gran recepción de Dios donde nos dará la bienvenida.

Sé que vendrá el doloroso día cuando mi familia cerrará mis ojos para siempre con un espíritu de satisfacción. Solamente puedo esperar que el dolor de la separación momentánea sea eclipsado por el gozo de ver, por la fe, a una *hueste de ángeles* junto a mi cama listos para transportarme a mi hogar. Quiera Dios confortarles recordarles, aun en los días de luto, lo que siempre ha sido mi convicción: que sería recibida por una multitud de seres celestiales dando la bienvenida a la misma persona que tantas veces habían ayudado durante su peregrinaje en la Tierra. Quieran ellos ser confortados al saber que veré a mis *ángeles en el camino* reconociéndoles y recordando sus intervenciones específicas a mi favor. Quieran no olvidar que al final estaré con el Ángel de Jehová, mi Jesús, mi Señor y Salvador… Y con mi Mama.

Quieran mis seres queridos disfrutar la paz y guardar la fe que les hará servir a Dios hasta que nos reunamos. ¡Eso es lo que llamamos una vida abundante, una bella relación y un futuro glorioso para disfrutar por toda la eternidad!

Espero que este libro te haya inspirado para que tú también compartas con otros las experiencias grandes o pequeñas que tú mismo has tenido con Dios. Recuerda que cada cristiano tiene la oportunidad de caminar con Dios y de experimentar individualmente su amor, poder y protección. *Ángeles* siempre estarán allí para ti como lo habrán estado para mí a lo largo de mi vida.

Mi familia en 2014. Sentado: Reynaldo (Rey Sr.)
Parados de izquierda a derecha: Mario, Dina, yo,
Mike, Kim, Michael Rey, Jason y Rey Jr.

CPSIA information can be obtained
at www.ICGtesting.com
Printed in the USA
FSOW01n0217140416
19168FS